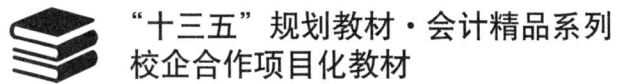

"十三五"规划教材·会计精品系列

校企合作项目化教材

成本会计案例实训

主审◎蔡俊

主编◎彭湘华 杨令芝 彭帆

副主编◎陈晓丹 何小燕 黄毅 马健

立信会计出版社

LIXIN ACCOUNTING PUBLISHING HOUSE

图书在版编目(CIP)数据

成本会计案例实训 / 彭湘华,杨令芝,彭帆主编
. —上海:立信会计出版社,2019.8
"十三五"规划教材. 会计精品系列　校企合作项目
化教材
ISBN 978 - 7 - 5429 - 6255 - 3

Ⅰ. ①成… Ⅱ. ①彭… ②杨… ③彭… Ⅲ. ①成本会
计—高等学校—教学参考资料 Ⅳ. ①F234.2

中国版本图书馆 CIP 数据核字(2019)第 169930 号

策划编辑　　孙　勇
责任编辑　　方士华　孙　勇

成本会计案例实训

出版发行	立信会计出版社		
地　　址	上海市中山西路 2230 号	邮政编码	200235
电　　话	(021)64411389	传　　真	(021)64411325
网　　址	www.lixinaph.com	电子邮箱	lixinaph2019@126.com
网上书店	http://lixin.jd.com		http://lxkjcbs.tmall.com
经　　销	各地新华书店		

印　　刷	常熟市梅李印刷有限公司		
开　　本	787 毫米×1092 毫米	1/16	
印　　张	7.5	插　页	1
字　　数	173 千字		
版　　次	2019 年 8 月第 1 版		
印　　次	2019 年 8 月第 1 次		
印　　数	1—2500		
书　　号	ISBN 978 - 7 - 5429 - 6255 - 3/F		
定　　价	25.00 元		

如有印订差错,请与本社联系调换

第二版前言

　　成本会计是一门实践性很强的学科，如果不通过实际训练与模拟，就很难提高学生的分析与解决问题的能力。学习者不仅需要掌握成本会计核算的理论与方法，更需要提高在实践中快速适应的能力与动手能力，从而能准确地进行成本核算，准确地进行成本分析，为企业管理者提供高效的成本信息。

　　本实训教材采用仿真型的案例方式演示企业的经济业务核算，与理论型教材同步。本实训教材针对性强，能达到"理论从实训中来，再到实训中去；用实训验证理论"这一教学目标。实训的内容都是成本核算的重点和核心。

　　本实训教材由长沙民政职业技术学院彭湘华、杨令芝，海南职业技术学院彭帆担任主编；湖南生物机电职业技术学院陈晓丹、何小燕，山东英才学院黄毅，长沙民政职业技术学院马健担任副主编；中南大学李香花，娄底职业技术学院曾平华、肖月华，海南经贸职业技术学院马志坚参编。其中，第一、二单元由陈晓丹编写，第三单元由肖月华、李香花编写，第四单元由彭湘华、彭帆、彭继跃编写，第五单元由杨令芝、马健编写，第六单元由曾平华、黄毅、马志坚编写，第七单元由何小燕编写。全书由彭湘华总纂并负责最后定稿，由湖南同壹投资置业有限公司蔡俊担任主审。

　　由于时间仓促，本实训教材难免有不足之处，请各位专家、老师和广大读者不吝指正，希望本实训教材的出版能为我国会计教育事业的发展和人才培养做出积极的贡献。欢迎广大同行、读者交流、指正，联系邮箱：270911392@qq.com。

　　最后，感谢所有在教材编写过程中给予我们帮助的领导、同事和朋友们！

编　者

2019 年 7 月

目　　录

费用在各种产品之间
进行归集和分配

一、材料费用的归集和分配

1. 广发机械厂 2019 年 9 月份原材料(生铁)的收发业务如表 1-1 所示。

表 1-1

广发机械厂 9 月份原材料收发业务表

2019 年 9 月 30 日

2019年		摘要	收 入		发 出		结 存	
月	日		数量(千克)	单价(元/千克)	数量(千克)	单价(元/千克)	数量(千克)	单价(元/千克)
9	1	期初结存					2 500	31
	2	购入	5 000	32			7 500	
	4	发出			2 000		5 500	
	8	购入	6 000	30			11 500	
	10	发出			6 000		5 500	
	12	购入	6 500	32			12 000	
	23	发出			10 000		2 000	

制表:张广

要求,根据上述资料分别按下列计价方法计算发出原材料的成本:

(1) 先进先出法;

(2) 加权平均法;

(3) 移动平均法。

2. 2019 年 9 月罗莎蛋糕生产奶油面包和牛油面包两种产品,其投产量分别为 500 千克和 450 千克,为生产奶油面包领用面粉 60 000 元,为生产牛油面包领用面粉 59 000 元,为生产两种产品共同领用白砂糖 14 500 元。两种产品的单位消耗定额分别为 100 千克和 50 千克。本月仓库发出材料(月末领用材料汇总表)情况如表 1-2 所示。成本会计:张罗。

表1-2

发料凭证汇总表

2019 年 9 月 30 日　　　　　　　　　　　　　　单位：元

用途＼材料	面　粉			白砂糖			香　精			合　计
	数量（千克）	单价（元/千克）	金额	数量（千克）	单价（元/千克）	金额	数量（千克）	单价（元/千克）	金额	
奶油面包	12 000	5	60 000							60 000
牛油面包	11 800	5	59 000							59 000
产品共同耗用				1 450	10	14 500				14 500
车间耗用							1 000	7	7 000	7 000
厂部耗用							20	7	140	140
合　计	23 800		119 000	1 450		14 500	1 020		7 140	140 640

制表：张罗

要求：根据以上资料完成如表1-3所示的"材料费用分配表"，并编制出会计分录。

表1-3

材料费用分配表

2019 年 9 月 30 日　　　　　　　　　　　　　　单位：元

产品名称	投产量（千克）	共同耗用材料				单独耗用材料	合　计
		单耗定额（千克）	定额耗用量（千克）	分配率	分配额		
奶油面包							
牛油面包							
合　计							

制表：

3. 康园食品厂 2019 年 9 月生产面包、饼干两种产品，共同领用面粉、白砂糖两种材料，合计 22 660 元。面包投产 300 千克，原材料消耗定额为面粉 6 千克、白砂糖 4 千克；饼干投产 200 千克，原材料消耗定额为面粉 4 千克、白砂糖 5 千克。面粉单价为 5 元/千克，白砂糖单价为 10 元/千克。

要求：计算分配面包、饼干各自应负担的材料费。

4. 康华机械厂生产 601、602、603 三种铸件。2019 年 9 月份的外购动力费用、产品生产工时、各车间及部门用电度数如表 1-4 所示。成本会计：张康。

表 1-4

外购动力费用分配表

单位：康华机械厂　　　　　　　　　　　　2019 年 9 月 30 日

应 借 科 目		成本或费用项目	动力费用分配		动力费用分配	
			生产工时	分配金额	用电度数	分配金额
基本生产成本	601 铸件	燃料及动力	8 400			
	602 铸件	燃料及动力	9 100			
	603 铸件	燃料及动力	10 500			
	小　计		28 000		26 000	
制造费用	基本生产车间	水电费			9 100	
辅助生产成本	机修车间	水电费			7 100	
管理费用		水电费			2 800	
合　计					45 000	

制表：

要求：（1）计算动力费用分配率；

（2）计算填列上表。

二、职工薪酬费用的归集和分配

1. 康园食品厂职工王明月标准工资为 2 700 元，2019 年 10 月份共 31 天，病假 2 天，事假 1 天，出勤 17 天，星期六、星期天和国庆假公休假 11 天。病事假期间没有节假日。根据王明的工龄，其病假工资按标准工资的 90% 计算。他应享受的保健津贴为 90 元，夜班津贴 200 元，综合奖金 220 元，代扣个人公积金 152 元，水电费 50 元。

要求：（1）按四种方法分别计算王明 10 月份的应付计时工资；

（2）按四种方法分别计算王明 10 月份的实发工资。

2. 康泰机械厂职工赵明 2019 年 9 月共加工 R78-1 和 R78-2 两种零件各 500 件，R78-1 计件单价 1.6 元/件，R78-2 计件单价 2.0 元/件，经检验，其中：R78-1 合格产品为 400 件，料废品为 75 件，工废品为 25 件，R78-2 合格产品为 450 件，料废品和工废品各为 25 件。

要求：计算赵明该月计件工资。

3. 陈丽、李华、赵平、张明四位等级不同的人组成的加工小组，各人的月标准工资分别为 4 400 元、3 200 元、2 600 元、1 800 元；各人 2019 年 9 月完成的实际工时分别为 120 小时、130 小时、140 小时、160 小时。根据本月计件小组完成的产量和计件单价计算的计件工资总额为 12 000 元。

要求：用计时工资作为分配标准计算分配集体计件工资。

4. 裕华机械厂 2019 年 9 月应付职工薪酬如表 1-5 所示。

表 1-5

工资结算汇总表

2019 年 9 月 30 日　　　　　　　　　　　　金额单位：元

部门和人员类别		应付职工薪酬					代扣房租	实发工资
		标准工资	奖金	工资性津贴	缺勤扣款	合计		
一车间	生产工人	12 500	2 470	3 222	200	17 992	400	17 592
	管理人员	1 700	360	420	100	2 380	40	2 340
二车间	生产工人	13 400	3 520	3 750	170	20 500	350	20 150
	管理人员	2 000	400	550		2 950	40	2 910
辅助生产车间	供水车间	1 100	200	275		1 575	30	1 545
	机修车间	3 150	550	487		4 187	40	4 147
企业管理部门		6 500	800	1 600		8 900		8 900
企业销售部门		1 920	410	500		2 830		2 830
医务和福利部门		1 100	150	300		1 550	40	1 510
合　计		43 370	8 860	11 104	470	62 864	940	61 924

制表：张裕

要求：根据上述资料编制：

(1) 工资费用分配表，并作出工资分配的会计分录；

(2) 职工福利费计提分配表，并作出"职工福利费计提"的会计分录。

三、折旧和其他费用的归集和分配

1. 新华机械厂基本生产车间 2019 年 3 月初计提折旧的机器设备原值 500 000 元，3 月份购置车床一台并于当月投入使用，原值 30 000 元。4 月份调出设备一台原值 140 000 元。机器设备月折旧率为 5%。

要求：(1) 计算 4 月份该车间提取机器设备折旧额；

(2) 编制计提折旧的会计分录。

2. 新华机械厂向银行借入短期借款的应付利息采用预提方法，2019 年二季度估计每月利息为 900 元，二季度末实际支付利息 2 800 元。

要求：编制 2019 年二季度每月预提和实付利息的会计分录。

3. 新华机械厂低值易耗品采用计划实际成本核算并采用五五摊销法进行摊销。2019 年 4 月生产车间领用一批工具，实际成本 3 000 元。同时报废一批工具，实际成本为 3 200 元，残料入库作价 250 元。

要求：编制 2019 年 4 月领用、摊销、报废低值易耗品的会计分录。

四、辅助生产费用的归集和分配

1. 新华机械厂下设供水和运输两个辅助生产车间。2019 年 5 月各辅助生产车间发生的费用为：供水车间 8 200 元,运输部门 18 200 元,提供的产品和劳务数量如表 1-6 所示。成本会计:张新。

表 1-6

供水和运输车间提供的产品和劳务数量表

2019 年 5 月 31 日

受益车间、部门		供水(吨)	运输(千米)
耗用劳务量	供　水		200
	运　输	1 000	
	基本生产车间	35 000	4 000
	企业管理部门	5 000	1 000
	合　计	41 000	5 200

制表:张新

要求：(1) 根据以上资料,采用直接分配法、交互分配法、计划成本分配法、代数分配法、顺序分配法分配辅助生产费用;

(2) 根据各种方法编制如表 1-7~表 1-11 所示的辅助生产费用分配表,并做出会计分录。

表 1-7

辅助生产费用分配表

(直接分配法)

2019 年 5 月 31 日

辅助生产车间名称		供　水	运　输	合　计
待分配费用				
对外提供劳务数量				
费用分配率				
基本生产车	耗用数量			
	分配金额			
企业管理部门	耗用数量			
	分配金额			
合　　计				

制表:

表 1-8

辅助生产费用分配表

（交互分配法）

2019 年 5 月 31 日

项 目	交 互 分 配			对 外 分 配		
辅助生产车间名称	供水	运输	合计	供水	运输	合计
待分配费用						
产品或劳务供应数量						
单位成本（分配率）						
辅助生产车间 供水 耗用数量						
辅助生产车间 供水 分配金额						
辅助生产车间 运输 耗用数量						
辅助生产车间 运输 分配金额						
合 计						
辅助生产车间名称	供水	运输	合计	供水	运输	合计
企业管理部门 耗用数量						
企业管理部门 分配金额						
基本生产 耗用数量						
基本生产 分配金额						
基本生产合计						

制表：

表 1-9

辅助生产费用分配表

（计划成本分配法）

2019 年 5 月 31 日

辅助生产车间名称	供 水	运 输	合 计
待分配费用(元)			
供应劳务数量			
计划单位成本			
辅助生产 供水 耗用数量			
辅助生产 供水 分配金额			
辅助生产 运输 耗用数量			
辅助生产 运输 分配金额			

（续表）

辅助生产车间名称		供　水	运　输	合　计
基本生产	耗用数量			
	分配金额			
企业管理部门	耗用数量			
	分配金额			
按计划成本分配金额合计				
辅助生产实际成本				
辅助生产成本差异				

制表：

表 1-10

辅助生产费用分配表

（代数分配法）

2019 年 5 月 31 日

辅助生产车间名称			供水	运输	合计
待分配费用					
供应劳务数量					
费用分配率					
辅助生产	供水	耗用数量			
		分配金额			
	运输	耗用数量			
		分配金额			
基本生产		耗用数量			
		分配金额			
企业管理部门		耗用数量			
		分配金额			
合　　计					

制表：

表 1-11

辅助生产费用分配表

（顺序分配法）

2019 年 5 月 31 日

项　　目				
费用	直接发生的费用			
	分配转入			
	小计			
劳务数量				
分　配　率				
辅助生产	供水	耗用数量		
		分配金额		
	运输	耗用数量		
		分配金额		
基本生产		耗用数量		
		分配金额		
企业管理部门		耗用数量		
		分配金额		
合　　计				

制表：

五、制造费用的归集和分配

天堂阳伞厂 2019 年 1 月基本生产车间的有关资料如表 1-12 所示。

表 1-12

天堂阳伞厂基本生产车间有关资料表

2019 年 1 月 31 日

产品名称	年度预算产量/件	单位产品定额工时/工时	1 月实际产量/件
中档阳伞	3 000	5	400
高档阳伞	2 000	8	100

制表：张天

该年度制造费用预算为 62 000 元，1 月份实际制造费用为 5 400 元，本年度实际费用为 60 000 元。

要求：（1）根据上述资料，计算 1 月份两种产品应负担的制造费用；

（2）假定年终已分配制造费用 60 500 元(其中中档阳伞 43 000 元,高档阳伞 17 500 元),那么本年度的差异额中中档阳伞和高档阳伞各应负担多少? 并作出差异额处理的会计分录。

六、废品损失的归集和分配

1. 2019 年 9 月,广发轮胎厂生产轮胎 1 000 个,生产过程中发现 20 个不可修复废品。轮胎成本明细账归集的生产费用为:直接材料 125 000 元,直接人工4 875 元,制造费用 22 750 元,合计 152 625 元。原材料与生产开始时一次投入。生产工时为:合格品 1 505 小时,废品 120 小时,合计 1 625 小时。废品回收的残料计价 200 元。另外。轮胎生产过程中发现 20 件可修复废品,当即进行修复,耗用原材料 200 元,工资 40 元,制造费用 50 元,此外,应向过失人索赔 100 元。成本会计:张广。

要求:（1）完成计算表(表 1 - 13)和明细账(表 1 - 14、表 1 - 15);

（2）作出相关会计分录。

表 1 - 13

废品损失计算

产品名称:轮胎　　　　　　　　　2019 年 9 月 30 日

项　　目	数量(件)	原材料	生产工时	燃料和动力	工资和福利	制造费用	成本合计
合格品和废品生产费用							
费用分配率							
废品生产成本							
减:废品残料							
应收赔偿款							
废品报废损失							

制表:

表 1 - 14

废品损失明账表

产品名称:轮胎　　　　　　　　　2019 年 9 月 30 日

产量:

月	日	摘要	直接材料	直接人工	制造费用	转出	合计

（续表）

月	日	摘要	直接材料	直接人工	制造费用	转出	合计

制表：

表 1-15

基本生产成本明细账

产品名称：轮胎　　　　　　　　2019 年 9 月　　　　　　　　产量：

月	日	摘要	直接材料	直接人工	制造费用	废品损失	合计

制表：

2. 新华机械厂 2019 年 9 月生产 R18-6 零件时产生不可修复废品 12 件。每件直接材料定额 40 元，定额工时总计 12 小时，每小时的定额费用为：直接人工 10 元，制造费用 8 元。废品的残料 210 元作辅料入库，向责任人索赔 50 元。废品净损失由当月同种产品成本负担。成本会计：张新。

要求：（1）按设置"废品损失"账户及成本项目，单独核算废品损失，编制不可修复废品损失计算表（见下表），并编制有关废品损失的会计分录。

（2）按不设置"废品损失"账户及成本项目，不单独核算废品损失，编制有关废品损失的会计分录。

表 1-16

废品损失计算表

基本生产车间 2019 年 9 月 30 日

项 目	摘要	直接材料	生产工时(小时)	直接人工	制造费用	合计
单位产品定额费用						
废品定额成本						
减：废品残值						
应收赔偿款						
废品损失						

制表：

【第一单元参考答案】

一、材料费用的归集和分配

1.（1）先进先出法 （561 500 元）

（2）加权平均法 （562 950 元）

（3）移动平均法 （562 603 元）

2.

材料费用分配表

2019 年 9 月 30 日　　　　　　　　　　　金额单位：元

产品名称	投产量(千克)	共同耗用材料				单独耗用材料	合计
		单耗定额(千克)	定额耗用量(千克)	分配率	分配额		
奶油面包	500	100	50 000		10 000	60 000	70 000
牛油面包	450	50	22 500		4 500	59 000	63 500
合 计			72 500	0.2	14 500	119 000	133 500

其中 0.2＝14 500/72 500　　　　　　　　　　　　　　　　　　制表：张罗

借：生产成本——基本生产成本——奶油面包（直接材料）　　　70 000

　　　　　　　　　　　　　　——牛油面包（直接材料）　　　63 500

　　制造费用　　　　　　　　　　　　　　　　　　　　　　7 000

　　管理费用　　　　　　　　　　　　　　　　　　　　　　　140

　　贷：原材料——面粉　　　　　　　　　　　　　　　　　119 000

　　　　　　——白砂糖　　　　　　　　　　　　　　　　　14 500

　　　　　　——香精　　　　　　　　　　　　　　　　　　7 140

3. 面包负担材料费 13 596 元,饼干负担材料费 9 064 元。

4. (1) 动力费用分配率为 1.4 元/度。

(2) 康华机械厂生产 601、602、603 三种铸件时 9 月份的外购动力费用、产品生产工时、各车间及部门用电度及分配金额数见下表。

外购动力费用分配表

单位:康华机械厂   2019 年 9 月 30 日   单位:元

应　借　科　目		成本或费用项目	动力费用分配		动力费用分配	
			生产工时(小时)	分配金额	用电度数(度)	分配金额
基本生产成本	601 铸件	燃料及动力	8 400	10 920		10 920
	602 铸件	燃料及动力	9 100	11 830		11 830
	603 铸件	燃料及动力	10 500	13 650		13 650
	小　计		28 000	36 400	26 000	36 400
制造费用	基本生产车间	水电费			9 100	12 740
辅助生产成本	机修车间	水电费			7 100	9 940
管理费用		水电费			2 800	3 920
合　计					45 000	63 000

制表:张康

二、职工薪酬费用的归集和分配

1. (1) 按四种方法分别计算王明 2019 年 10 月的应付计时工资依次为 2 592 元;2 551.03 元;2 682 元;2 706.25 元。

① $2\,700-2\times90\times(1-9\%)-1\times90=2\,592$(元)

② $2\,700-2\times124.14\times10\%-1\times124.14=2\,551.03$(元)

③ $(17+11)\times90+2\times90\times90\%=2\,682$(元)

④ $(17+3)\times124.14+2\times90\%\times124.14=2\,706.25$(元)

(2) 按四种方法分别计算王明 2019 年 9 月的实发工资。

① $2\,592+90+200+220-152-50=2\,900$(元)

② $2\,551.03+90+200+220-152-50=2\,859.03$(元)

③ $2\,682+90+200+220-152-50=2\,990$(元)

④ $2\,706.25+90+200+220-152-50=3\,014.25$(元)

2. 赵明 2019 年 9 月计件工资为 1 710 元。

3. 陈丽、李华、赵平、张明分配集体计件工资分别为 4 396.92 元、3 572.5 元、2 564.87 元、1 465.71 元。

4.（1）借：生产成本——基本生产成本——一车间　17 992

　　　　　　　　　　　　　　　——二车间　20 500

　　　　　　　——辅助生产成本——供水车间　1 575

　　　　　　　　　　　　　　　——机修车间　4 187

　　　　制造费用——一车间　2 380

　　　　　　　——二车间　2 950

　　　　管理费用　10 450

　　　　销售费用　2 830

　　　　　贷：应付职工薪酬——工资　62 864

　　　借：应付职工薪酬——工资　940

　　　　　贷：其他应付款——房租　940

（2）借：生产成本——基本生产成本——一车间　2 518.88

　　　　　　　　　　　　　　　——二车间　2 870.00

　　　　　　　——辅助生产成本——供水车间　220.50

　　　　　　　　　　　　　　　——机修车间　586.18

　　　　制造费用——一车间　333.20

　　　　　　　——二车间　413.00

　　　　管理费用　1 463.00

　　　　销售费用　396.20

　　　　　贷：应付职工薪酬——福利费　8 800.96

三、折旧和其他费用的归集和分配

1.（1）4月份该车间提取机器设备折旧额为 26 500 元。

（2）借：制造费用　26 500

　　　　　贷：累计折旧　26 500

2. 2019 年 4 月、5 月。

借：财务费用　900

　　贷：应付利息　900

2019 年 6 月。

借：财务费用　1 000

　　应付利息　1 800

　　贷：银行存款　2 800

3. 领用工具时。

借：低值易耗品——在用　3 000

　　贷：低值易耗品——在库　3 000

摊销工具价值的 50% 时。

借：管理费用——低值易耗品摊销　1 500

　　贷：低值易耗品——摊销　1 500

报废价值 3 200 元的工具、残料 250 元时。

借：原材料——工具 250
 管理费用——低值易耗品摊销 1 350
  贷：低值易耗品——摊销 1 600

注销报废工具时。

借：低值易耗品——摊销 3 200
  贷：低值易耗品——在用 3 200

四、辅助生产费用的归集和分配

1.

辅助生产费用分配表
（直接分配法）
2019 年 5 月 31 日

辅助生产车间名称		供水	运输	合计
待分配费用		8 200	18 200	26 400
对外提供劳务数量		4 000	5 000	
费用分配率		0.205	3.64	
基本生产车间	耗用数量	35 000	4 000	
	分配金额	7 175	14 560	21 735
企业管理部门	耗用数量	5 000	1 000	
	分配金额	1 025	3 640	4 665
分配金额合计		8 200	1 821	26 400

制表：张新

辅助生产费用分配表
（交互分配法）
2019 年 5 月 31 日

项目			交互分配			对外分配		
辅助生产车间名称			供水	运输	合计	供水	运输	合计
待分配费用			8 200	18 200	26 400	8 700	12 700	26 400
产品或劳务供应数量			41 000	5 200		40 000	5 000	
单位成本(分配率)				3.5		0.217 5	3.54	
辅助生产车间	供水	耗用数量		200				
		分配金额		700	700			
	运输	耗用数量	1 000	700				
		分配金额	200		200			
	分配金额合计		200	700	900			

（续表）

项　目		交　互　分　配			对　外　分　配		
辅助生产车间名称		供水	运输	合计	供水	运输	合计
企业管理部门	耗用数量				5 000	1 000	
	分配金额	×	×	×	1 087.5	3 540	4 627.5
基本生产	耗用数量	×	×	×	35 000	4 000	
	分配金额				7 612.5	14 160	21 772.5
基本生产分配金额合计					8 700	17 700	26 400

制表：张新

辅助生产费用分配表

（计划成本分配法）

2019 年 5 月 31 日

辅助生产车间名称			供　水	运　输	合　计
待分配费用（元）			8 200	18 200	26 400
供应劳务数量			47 000	5 200	
计划单位成本			0.2	3.5	
辅助生产	供水	耗用数量		200	
		分配金额		700	700
	运输	耗用数量	1 000		
		分配金额	200		200
基本生产		耗用数量	35 000	4 000	
		分配金额	7 000	14 000	21 000
企业管理部门		耗用数量	5 000	1 000	
		分配金额	1 000	3 500	4 500
按计划成本分配金额合计			8 200	18 200	26 400
辅助生产实际成本			8 900	18 400	27 300
辅助生产成本差异			700	200	900

制表：张新

辅助生产费用分配表
（代数分配法）
2019 年 5 月 31 日

辅助生产车间名称			供　水	运　输	合　计
待分配费用			8 200	18 200	26 400
供应劳务数量			41 000	5 200	
费用分配率			0.217 3	3.546 5	
辅助生产	供水	耗用数量		200	
		分配金额		709.3	709.3
	运输	耗用数量	1 000		
		分配金额	217.3		217.3
基本生产		耗用数量	35 000	4 000	
		分配金额	7 605.5	14 186	21 791.5
企业管理部门		耗用数量	5 000	1 000	
		分配金额	1 086.5	3 546	4 633
合　　计			8 909.3	18 441.8	27 351.1

制表：张新

辅助生产费用分配表
（顺序分配法）
2019 年 5 月 31 日

项　　目			供　水	运　输	合　计
费用	直接发生的费用		18 200	8 700	26 400
	分配转入			700	700
	小计		18 200	8 900	27 100
劳务数量			5 200	40 000	
分配率			3.5	1.222 5	
辅助生产	供水	耗用数量	200		
		分配金额	700		700
	运输	耗用数量			
		分配金额			
基本生产		耗用数量	4 000	35 000	
		分配金额	14 000	7 787.5	21 787.5

（续表）

项 目		供 水	运 输	合 计
企业管理部门	耗用数量	1 000	5 000	
	分配金额	3 500	1 112.5	4 612.5
合 计		18 200	8 900	27 100

制表：张新

五、制造费用的归集和分配

1.（1）1 月份两种产品应负担的制造费用分别为 3 600 元和 2 400 元。

（2）本年度的差异额中中档阳伞和高档阳伞各应负担 355.37 元和 144.63 元。分录略。

六、废品损失的归集和分配

1.
废品损失计算表

产品名称：轮胎　　　　　　　　　2019 年 9 月 30 日

项 目	数量（件）	直接材料	生产工时	燃料和动力	直接人工	制造费用	成本合计
合格品和废品生产费用	100	125 000	1 625		4 875	22 750	152 625
费用分配率		1 250			3	14	
废品生产成本	2	2 500	120		360	1 680	4 540
减：废品残料		200					200
应收赔偿款							
废品报废损失		2 300			360	1 680	4 240

制表：张广

废品损失明细账

产品名称：轮胎　　　　　2019 年 9 月 30 日　　　　　产量：1 000 个

月	日	摘 要	直接材料	直接人工	制造费用	转 出	合 计
9	30	不可修复废品成本	2 500	360	1 680		4 540
	30	残料收入	200				200
	30	结转				4 340	4 340
	30	可修复废品生产费用	200	40	50		290
	30	应收赔偿款		100			100
	30	结转				190	190
9	30	合计	2 500	300	1 730	4 530	0

注：□表示框内数字为红字，全书下同。　　　　　　　　　制表：张广

基本生产成本明细账

产品名称：轮胎　　　　　　　2019 年 9 月　　　　　　　产量：1 000 个

月	日	摘　　要	直接材料	直接人工	制造费用	废品损失	合　计
9	30	本月生产费用	125 000	4 875	22 750		152 625
	30	转出不可修复废品成本	2 500	350	1 680		4 540
	30	转入不可修复废品净损失				4 340	4 340
	30	转入可修复废品修复成本				190	190
9	30	小计	122 500	4 515	21 070	4 530	152 615

2.

废品损失计算表

基本生产车间　　　　　　　2019 年 9 月 30 日

项　　目	摘要	直接材料	生产工时（小时）	直接人工	制造费用	合　计
单位产品定额费用	1	40		10	8	
废品定额成本	12	480	12	120	96	696
减：废品残值		210				210
应收赔偿款				50		50
废品损失		270		70	96	436

注：☐ 表示框内数字为红字。

生产费用在完工产品和在产品之间的分配

一、在产品按固定成本计算法

资料：长岭化工厂生产的顺牌润滑油 2019 年月末在产品数量比较稳定，采用在产品按固定成本计算法。该产品年初在产品成本为 200 000 元，其中，直接材料 140 000 元，直接人工 35 000 元，制造费用 25 000 元；2019 年 7 月发生生产费用为 1 200 000 元，其中，直接材料 680 000 元，直接人工 290 000 元，制造费用 230 000 元；7 月完工顺牌润滑油 20 000 瓶。成本会计：张长。

要求：

（1）采用在产品按固定成本计算法计算月末在产品成本和本月完工产品成本，完工产品成本计算单（见表 2-1）；

（2）编制结转本月完工入库产品成本的会计分录。

表 2-1

产品成本计算单

产品：顺牌润滑油　　　　产量：20 000 瓶　　　　　年　　月　　日　　　　金额单位：元

摘　要	直接材料	直接人工	制造费用	合　计
月初在产品成本				
本月生产费用				
生产费用合计				
本月完工产品成本				
本月完工产品单位成本				
月末在产品成本				

二、在产品只计算材料成本法

资料：天山白酒厂生产的天山牌白酒材料成本在产品成本中所占比重较大，故该厂采用在产品只计算材料成本的方法计算在产品成本。该厂材料在生产开始时一次投入，天山牌白酒 2019 年 7 月初在产品总成本（直接材料成本）为 100 000 元，7 月发生生产费用为 900 000 元,其中,直接材料费用 700 000 元,直接人工费用 120 000 元,制造费用 80 000 元;天山牌白酒 7 月完工 375 件,月末在产品 25 件。成本会计:张天。

要求:

(1) 采用在产品只计算材料成本法计算在产品成本,并完成产品成本计算单(见表 2-2);

(2) 编制结转本月完工入库产品成本的会计分录。

表 2-2

产品成本计算单

产品:天山牌白酒　　产量:375 件　　　年　　月　　日　　　金额单位:元

摘　　要	直接材料	直接人工	制造费用	合　计
月初在产品成本				
本月生产费用				
生产费用合计				
本月完工产品成本				
本月完工产品单位成本				
月末在产品成本				

制表:

三、约当产量法

1. 分工序计算在产品约当产量。

资料:长宁机械厂生产的 R18-9 零件顺序经过第一、第二和第三道工序加工,原材料分次在各工序生产开始时一次投入,各工序在产品工序的加工程度均为 50%。R18-9 单位产品原材料消耗定额为 2 000 元,其中第一工序投入 1 000 元,第二工序投入 600 元,第三工序投入 400 元;单位产品工时定额为 400 小时,其中第一工序为 170 小时,第二工序为 150 小时,第三工序为 80 小时。2019 年 7 月 R18-9 月末在产品为 1 000 件,其中第一工序为 420 件,第二工序为 380 件,第三工序为 200 件。成本会计:张长。

要求:

(1) 计算 2019 年 7 月 R18-9 月末在产品投料程度和约当产量;

(2) 计算 2019 年 7 月 R18-9 月末在产品加工程度和约当产量。

2. 资料:新华机械厂生产的 H12-8 零件由三道工序完成,原材料随加工进度陆续投入。原材料消耗定额为:第一道工序 50%,第二道工序 40%,第三道工序 10%。在产品在各道工序的消耗定额按 50% 计算。月末在产品数量:第一道工序 2 000 件,第二道工序 1 500 件,第三道工序 1 000 件。2019 年 7 月初在产品原材料费用和 2019 年 7 月原材料费用合计为 35 000 元。2019 年 7 月完工产品数量为 2 500 件。请用约当产量法计算完工产品和月末在产品的原材料费用。

3. 资料：长兴机械厂生产小型发动机要经过三道工序加工：单位产品原材料消耗定额为 1 000 元，其中第一道工序投料定额为 600 元，第二道工序投料定额为 300 元，第三道工序投料定额为 100 元，原材料分别在各工序生产开始时一次投入；单位产品工时消耗定额为 100 小时，其中第一工序 50 小时，第二工序 30 小时，第三工序 20 小时，各工序在产品在本工序的完工程度均为 50%；小型发动机 2019 年 7 月末在产品数量 400 件，其中第一工序 200 件，第二工序 100 件，第三工序 100 件；2019 年 7 月完工小型发动机 2 000 件，月初在产品成本 400 000 元，其中直接材料 300 000 元，直接人工 44 000 元，制造费用 56 000 元，2019 年 7 月发生的生产费用 3 035 600 元，其中直接材料 2 033 100 元，直接人工 441 100 元，制造费用 561 400 元。

要求：

(1) 用约当产量法计算小型发动机 2019 年 7 月月末在产品成本和 7 月完工产品成本；

(2) 编制结转 2019 年 7 月完工入库产品成本的会计分录。

四、在产品按定额成本计算法

资料：新华机械厂 2019 年 7 月生产 Y37-2 零件，经过两道工序连续加工制成，原材料一次投入。其他资料如表 2-3 所示。成本会计：张新。

(1) 各道工序的完工程度均按 60% 计算，其定额工时及在产品数量如表 2-3 所示。

表 2-3

定额工时及在产品数量表

2019 年 7 月 31 日

工 序	定额(工时/小时)	在产品数量(件)
1	15	80
2	10	80
合 计	25	160

制表：张新

(2) 有关的在产品单位定额资料如表 2-4 所示。

表 2-4

产品单位定额表

2019 年 7 月 31 日

直接材料定额成本/元	定额(工时计划分配率)	
	直接人工	制造费用
15	0.90	0.50

制表：张新

(3) Y37-2 零件生产成本明细账上归集的生产费用总额如表 2-5 所示。

表 2-5

Y37-2 零件的生产费用总额表

2019 年 7 月 31 日

项　　目	直接材料	直接人工	制造费用	合　　计
生产费用总额/元	16 000	4 520	10 480	31 000

制表:张新

　　要求:按在产品按定额成本计算法分配 Y37-2 零件完工产品和在产品成本。

五、定额比例法

　　资料:新华机械厂2019 年7 月生产 R39-7 零件的有关资料如表2-6所示。成本会计:张新。

表 2-6

生产费用资料

2019 年 7 月 31 日

金额单位:元

摘　　　要	直接材料	直接人工	制造费用
月初在产品成本	4 800	3 000	800
本月生产费用	18 400	6 000	2 800
单位完工产品定额	20 千克	20 小时	
月末在产品定额	20 千克	10 小时	

制表:张新

　　本月完工 R39-7 零件 400 件,月末在产品 100 件。

　　要求:采用定额比例法编制产品成本计算单,计算 2019 年 7 月完工产品及月末在产品成本,完成表2-7 的填制。

表 2-7

完工产品—月末在产品费用分配表(定额比例法)

产品名称:R39-7零件　　　产量:400 件　　　2019 年 7 月 31 日　　　金额单位:元

成本项目	月初在产品成本	本月生产费用	生产费用合计	分配率	本月完工产品		月末在产品	
					定额耗用量或工时	实际费用	定额耗用量或工时	实际费用
	1	2	3=1+2	4=3/(5+7)	5	6=4×5	7	8=4×7
直接材料								
直接人工								
制造费用								
合　　计								

制表:

【第二单元参考答案】

一、在产品按固定成本计算法

产品成本计算单

产品：顺牌润滑油　　　产量：200 00 瓶　　　2019 年 7 月 31 日　　　金额单位：元

摘　　要	直接材料	直接人工	制造费用	合　计
月初在产品成本	140 000	35 000	25 000	200 000
本月生产费用	680 000	290 000	230 000	1 200 000
生产费用合计	820 000	325 000	255 000	1 400 000
本月完工产品成本	680 000	290 000	230 000	1 200 000
本月完工产品单位成本	34	14.5	11.5	60
月末在产品成本	140 000	35 000	25 000	200 000

制表：张长

借：库存商品——顺牌润滑油　　　　　　　　　　　　　　　　　　1 200 000
　　贷：生产成本——基本生产成本——顺牌润滑油（直接材料）　　　　　680 000
　　　　　　　　　　　　　　　　——顺牌润滑油（直接人工）　　　　　290 000
　　　　　　　　　　　　　　　　——顺牌润滑油（制造费用）　　　　　230 000

二、在产品只计算材料成本法

表 2-2

产品成本计算单

产品：天山牌白酒　　　产量：375 件　　　2019 年 7 月 31 日　　　金额单位：元

摘　　要	直接材料	直接人工	制造费用	合计
月初在产品成本	100 000			100 000
本月生产费用	700 000	120 000	80 000	900 000
生产费用合计	800 000	120 000	80 000	1 000 000
本月完工产品成本	750 000	120 000	80 000	950 000
本月完工产品单位成本	2 000	300	200	2 500
月末在产品成本	50 000			50 000

制表：张天

借：库存商品——天山牌白酒　　　　　　　　　　　　　　　　　　950 000
　　贷：生产成本——基本生产成本——天山牌白酒（直接材料）　　　　　750 000
　　　　　　　　　　　　　　　　——天山牌白酒（直接人工）　　　　　120 000
　　　　　　　　　　　　　　　　——天山牌白酒（制造费用）　　　　　80 000

三、约当产量法

1. （1）$1\,000/2\,000 \times 420 + 1\,600/2\,000 \times 380 + 2\,000/2\,000 \times 200 = 714$（件）

（2）$170 \times 50\%/400 \times 420 + (170 + 150 \times 50\%)/400 \times 380 + (170 + 150 + 40)/400 \times 200 = 502$（件）

2. 第一道工序投料程度 $= 50\% \times 50\% = 25\%$

第二道工序投料程度 $= 50\% + 40\% \times 50\% = 70\%$

第三道工序投料程度 $= 50\% + 40\% + 10\% \times 50\% = 95\%$

在产品约当产量 $= 2\,000 \times 25\% + 1\,500 \times 70\% + 1\,000 \times 95\% = 2\,500$（件）

分配率 $= 35\,000/(2\,500 + 2\,500) = 7$（元/件）

完工产品原材料费用 = 在产品原材料费用 $= 7 \times 2\,500 = 17\,500$ 元

3. （1）① 直接材料费用的分配：

第一道工序在产品投料程度 $= \dfrac{600}{1\,000} \times 100\% = 60\%$

第二道工序在产品投料程度 $= \dfrac{600 + 300}{1\,000} \times 100\% = 90\%$

第三道工序在产品投料程度 $= 100\%$

在产品约当量 $= 200 \times 60\% + 100 \times 90\% + 100 \times 100\% = 310$（件）

直接材料分配率 $= \dfrac{300\,000 + 2\,033\,100}{2\,000 + 310} = 1\,010$

完工产品应分摊的材料费用 $= 2\,000 \times 1\,010 = 2\,020\,000$（元）

在产品应分摊的材料费用 $= 310 \times 1\,010 = 313\,100$（元）

② 人工费用的分配：

第一道工序在产品的完工程度 $= \dfrac{50 \times 50\%}{100} = 25\%$

第二道工序在产品的完工程度 $= \dfrac{50 + 30 \times 50\%}{100} = 65\%$

第三道工序在产品的完工程度 $= \dfrac{50 + 30 + 20 \times 50\%}{100} = 90\%$

在产品约当量 $= 200 \times 25\% + 100 \times 65\% + 100 \times 90\% = 205$（件）

人工费用分配率 $= \dfrac{44\,000 + 441\,100}{2\,000 + 205} = 220$（元/件）

完工产品应分摊的人工费用 $= 2\,000 \times 220 = 440\,000$（元）

在产品应分摊的人工费用 $= 205 \times 220 = 45\,100$（元）

制造费用分配率 $= \dfrac{56\,000 + 561\,400}{2\,000 + 205} = 280$（元/件）

完工产品应分摊的制造费用 $= 2\,000 \times 280 = 560\,000$（元）

在产品应分摊的制造费用 $= 205 \times 280 = 57\,400$（元）

小型发动机完工产品成本 $= 2\,020\,000 + 440\,000 + 560\,000 = 3\,020\,000$（元）

小型发动机在产品成本 $= 313\,100 + 45\,100 + 57\,400 = 415\,600$（元）

（2）借：库存商品——小型发动机　　　　　　　　　　　　　　　3 020 000

　　　贷：生产成本——基本生产成本——小型发动机（直接材料）　　2 020 000

　　　　　　　　　　　　　　　　——小型发动机（直接人工）　　440 000

　　　　　　　　　　　　　　　　——小型发动机（制造费用）　　560 000

四、在产品按定额成本计算法

第一道工序完工程度＝15×60％/25＝36％

第二道工序完工程度＝（15＋10×60％）/25＝84％

在产品定额工时＝80×36％×25＋80×84％×25＝2 400（小时）

在产品定额成本＝160×15＋2 400×0.9＋2 400×0.5＝5 760（元）

完工成品成本＝31 000－5 760＝25 240（元）

五、定额比例法

完工产品—月末在产品费用分配表（定额比例法）

产品名称：R39-7零件　　　　产量：400件　　　　2019 年 7 月 31 日　　　　金额单位：元

成本项目	月初在产品成本 (1)	本月生产费用 (2)	生产费用合计 (3)＝(1)+(2)	分配率 (4)＝(3)/((5)+(7))	本月完工产品		月末在产品	
					定额耗用量或工时 (5)	实际费用 (6)＝(4)×(5)	定额耗用量或工时 (7)	实际费用 (8)＝(4)×(7)
直接材料	4 800	18 400	23 200	2.32	8 000	18 560	2 000	4 640
直接人工	3 000	6 000	9 000	1	8 000	8 000	1 000	1 000
制造费用	800	2 800	3 600	0.4	8 000	3 200	1 000	400
合　计	8 600	27 200	35 800			29 760		6 040

制表：张新

品种法成本计算

一、企业的基本情况

娄底市纱厂,是一家小型工业企业,设有纺纱和维修车间。生产工序依次为清花、棉钢丝、并粗、细纱及筒纱五道工序,主要生产 21 支棉纱和 32 支棉纱两种产品。该厂实行一级成本核算方式,采用品种法核算产品成本。成本会计:张娄。

二、成本计算的有关资料

1. 成本要素

构成产品的主要实体为不同品级的原棉,辅料为包装料、配件和其他辅料。原棉分为 229 原棉和 329 原棉,包装料包括塑料袋、打包扣、打包带、纺织袋、3 度纸管和 5 度纸管,配件及辅料包括针布、齿条、钢丝圈、皮条、撑杆件、主轴、锭管、链、导条油架、橡胶轮、粗锉、方锉、开口扳子、细锉、螺母、垫圈、涂料、胶管、滤网、进口轴承、国产轴承、机油、齿轮油、固定卡、三角带、铁钻头、漏电保护器、熔断器、轮胎、控制按钮等。材料发出按实际成本计价,原棉、包装料领用按财务科要求的统一价目表列示的月初加权平均实际单价计算。配件和辅料由材料管理员在发料计算,间接材料按产品产量比例分配,工资费用按定额工时比例分配。福利费用按工资的 14% 计提。水电用量根据月末自来水公司和电力部门开来的增值税专用发票所列示的用量分配计算,次月上旬付款,各部门耗用量根据抄录的水表、电表得知,分配计算时存在的差异计入"管理费用"账户。

2. 账户及核算项目

设置"生产成本——辅助生产成本""生产成本——基本生产成本""制造费用"等账户,基本生产成本按产品设置明细账,并按成本项目设置专栏,成本项目有:原材料(含包装料)、工资及福利费、动力费用(电费、制造费用);制造费用按材料费、水电费、人工费、折旧费、电话费、办公费设置明细账。

3. 在产品计价方法

期初期末在产品按实际盘存的在产品数量乘以当期原材料发出加权平均单价计算。在产品定额成本只负担原材料成本项目。2019 年 6 月在产品存盘数量如表 3-1 所示。

表 3-1

在产品盘存数量

2019 年 6 月 30 日

产品品种	在产品盘存数量		原材料平均单价(元)
	期初(吨)	期末(吨)	
21 支纱	60	12	8 800
32 支纱	8.6	31	8 366

制表:张娄

4. 固定资产折旧资料

按月计提折旧,月折旧率分别为:生产用设备 0.6%,房屋建筑物 0.2%,运输设备 0.8%,固定资产原值资料如下:本月纺纱车间增加生产设备一台,原值 21 000 元,报废维修车间生产设备一台,原值 50 000 元。固定资产类别及原值资料如表 3-2 所示。

表 3-2

固定资产原值

2019 年 6 月 30 日　　　　　　　　　　　　　　　　　单元:元

固定资产类别		期初原值
生产设备	纺纱车间	1 869 000
	维修车间	630 000
房屋及建筑物	纺纱车间	1 520 000
	维修车间	110 000
	行政管理部门	2 100 000
运输部门	运输设备	350 000
合　　　计		6 579 000

制表:张娄

5. 定额工时资料(如表 3-3 所示)

表 3-3

定额工时资料

2019 年 6 月 30 日

产 品 名 称	单位定额工时(时)
21 支纱	12
32 支纱	15

制表:张娄

2019 年 6 月业务情况如下:

1. 本月各部门耗用水电价格为：水为 2 元/吨，电为 0.5 元/度。各部门耗用水电量如表 3-4 所示。

表 3-4

水电耗用量表

2019 年 6 月 30 日

部　　门		水（吨）	电（度）
纺纱车间	生产耗用		801 063
	一般耗用	20 300	
维修车间		5 000	5 012
行政管理部门		3 092	4 500
合　计		28 392	810 575

制表：张娄

2. 6 月 21 支纱产量为 218 吨，32 支纱产量为 189 吨。

3. 6 月 10 日纺纱车间统计资料购置费 360 元，用现金支付。

4. 6 月 12 日，纺纱车间用现金购买文具 120 元。

5. 6 月 20 日，采购出差报销差旅费 759 元，用现金支付。

6. 6 月 28 日，支付纺纱车间电话费 2 865.73 元，用现金支付。

7. 6 月 30 日，收到自来水公司开来的增值税专用发票，结算本月耗用的水费 62 462.40 元，税费 8 120.11 元，款未付。

8. 6 月 30 日，收到电力部门来开的增值税专用发票，结算本月用电费346 399.41 元，税费 58 887.94 元，款未付。

9. 6 月工资结算汇总表如表 3-5 所示。

表 3-5

工资结算表

2019 年 6 月 30 日　　　　　　　　　　　　　　　　单位:元

部　　门		应付工资
纺纱车间	生产工人	569 568.30
	管理人员	99 574.46
	小　　计	669 142.76
维修车间		49 637.42
行政管理部门		99 658.90
合　计		1 487 581.84

制表：张娄

10. 6 月各部门领用材料如表 3-6～表 3-21 所示。

表 3-6

领　料　单

NO. 002230

领料部门：纺纱车间　　　　　　　　2019 年 6 月 3 日　　　　　　　　发料仓库：材料仓库

名称及规格	计量单位	数　量		实际单价	金　额	用　途
		请领	实领			
229 原棉	吨	10	10	8 800.00	88 000.00	32 支纱
合　　计					88 000.00	

仓库主管：赵帅　　　　发料人：刘敏　　　　领料部门主管：冯斯　　　　领料人：王凯

表 3-7

领　料　单

NO. 002231

领料部门：纺纱车间　　　　　　　　2019 年 6 月 5 日　　　　　　　　发料仓库：材料仓库

名称及规格	计量单位	数　量		实际单价	金　额	用　途
		请领	实领			
329 原棉	吨	10	10	8 366.00	83 660.00	21 支纱
塑料袋	万个	5	5	400.00	2 000.00	21 支纱
打包扣	万个	2	2	680.00	1 360.00	21 支纱
打包带	千克	500	500	3.08	1 540.00	21 支纱
合计					87 170.00	

仓库主管：赵帅　　　　发料人：刘敏　　　　领料部门主管：冯斯　　　　领料人：王凯

表 3-8

领　料　单

NO. 002232

领料部门：维修车间　　　　　　　　2019 年 6 月 6 日　　　　　　　　发料仓库：材料仓库

名称及规格	计量单位	数　量		实际单价	金　额	用　途
		请领	实领			
M36 盖板	套	1	1	2 478.00	2 478.00	维修设备
G26 钢圈	盒	5	5	23.93	1 196.50	维修设备
A45 撑杆件	件	2	2	10.60	20.12	维修设备
合　　计					3 694.61	

仓库主管：赵帅　　　　发料人：刘敏　　　　领料部门主管：刘玉　　　　领料人：王祥

表 3-9

领 料 单

NO. 002233

领料部门：纺纱车间　　　　　　　2019 年 6 月 8 日　　　　　　　发料仓库：材料仓库

名称及规格	计量单位	数 量		实际单价	金 额	用 途
		请领	实领			
229 原棉	吨	45	45	8 800	396 000.00	32 支纱
329 原棉	吨	47	47	8 366	393 202.00	21 支纱
塑料袋	万个	5	5	400	2 000.00	两种纱共用
打包扣	万个	2	2	680	1 360.00	两种纱共用
打包带	千克	16	16	3.80	60.80	两种纱共用
合 计					792 622.80	

仓库主管：赵帅　　　　发料人：刘敏　　　　领料部门主管：冯斯　　　　领料人：王凯

表 3-10

领 料 单

NO. 002234

领料部门：维修车间　　　　　　　2019 年 6 月 9 日　　　　　　　发料仓库：材料仓库

名称及规格	计量单位	数 量		实际单价	金 额	用 途
		请领	实领			
229 原棉	吨	24	24	8 800	211 200.00	32 支纱
3 度纸管	支	2 000	2 000	0.15	300.00	32 支纱
329 原棉	吨	20	20	8 366	167 320.00	21 支纱
5 度纸管	支	2 000	2 000	0.25	500.00	21 支纱
纺织袋	条	100	100	1.11	111.00	两种纱共用
合 计					379 431.00	

仓库主管：赵帅　　　　发料人：刘敏　　　　领料部门主管：刘玉　　　　领料人：王祥

表 3-11

领 料 单

NO. 002235

领料部门：维修车间　　　　　　　2019 年 6 月 10 日　　　　　　　发料仓库：材料仓库

名称及规格	计量单位	数 量		实际单价	金 额	用 途
		请领	实领			
链	件	100	100	0.21	21.00	设备维修
导条油架	件	50	50	13.16	658.00	设备维修
橡胶轮	个	19	19	29.80	536.00	设备维修
粗锉	把	25	25	9.4	188.00	设备维修
方锉	把	8	8	5.38	43.04	设备维修
					1 446.01	

仓库主管：赵帅　　　　发料人：刘敏　　　　领料部门主管：冯斯　　　　领料人：王凯

表 3-12

领 料 单

领料部门：维修车间　　　　　　　2019 年 6 月 10 日　　　　　　　NO. 002236
　　　　　　　　　　　　　　　　　　　　　　　　　　发料仓库：材料仓库

名称及规格	计量单位	数量		实际单价	金 额	用 途
		请领	实领			
229 原棉	吨	5	4	8 800	35 200.00	32 支纱
纺织袋	条	600	550	1.11	610.50	32 支纱
合计					35 261.50	

仓库主管：赵帅　　　　发料人：刘敏　　　　领料部门主管：冯斯　　　　领料人：王凯

表 3-13

领 料 单

领料部门：维修车间　　　　　　　2019 年 6 月 10 日　　　　　　　NO. 002237
　　　　　　　　　　　　　　　　　　　　　　　　　　发料仓库：材料仓库

名称及规格	计量单位	数量		实际单价	金 额	用 途
		请领	实领			
主轴	件	3	3	68.50	205.50	维修设备
皮条	根	1 000	1 000	0.30	300.00	维修设备
锭管	件	10	10	22.50	225.00	维修设备
齿条	千克	20	20	17.00	340.00	维修设备
合计					1 070.50	

仓库主管：赵帅　　　　发料人：刘敏　　　　领料部门主管：刘玉　　　　领料人：王祥

表 3-14

领 料 单

领料部门：纺纱车间　　　　　　　2019 年 6 月 13 日　　　　　　　NO. 002238
　　　　　　　　　　　　　　　　　　　　　　　　　　发料仓库：材料仓库

名称及规格	计量单位	数量		实际单价	金 额	用 途
		请领	实领			
229 原棉	吨	8	8	8 800	70 400.00	32 支纱
3 度纸管	支	1 500	1 500	0.15	225.00	32 支纱
329 原棉	吨	10	10	8 366	83 660.00	21 支纱
纺织袋	条	500	500	1.11	555.00	21 支纱
5 度纸管	支	2 000	2 000	0.26	520.00	21 支纱
合计					155 300.00	

仓库主管：赵帅　　　　发料人：刘敏　　　　领料部门主管：冯斯　　　　领料人：王凯

表 3 - 15

领 料 单

NO. 002239

领料部门：维修车间　　　　　　　　2019 年 6 月 15 日　　　　　　发料仓库：材料仓库

名称及规格	计量单位	数　量		实际单价	金　额	用　途
		请领	实领			
镙罗	个	200	200	0.60	120.00	一般耗用
开口板子	把	30	25	1.80	45.00	一般耗用
细锉	把	30	26	10.26	266.76	一般耗用
垫圈	个	500	500	0.017	8.50	一般耗用
涂料	桶	8	8	16.70	133.60	一般耗用
合计					573.86	

仓库主管：赵帅　　　　发料人：刘敏　　　　　领料部门主管：刘玉　　　　领料人：王祥

表 3 - 16

领 料 单

NO. 002240

领料部门：维修车间　　　　　　　　2019 年 6 月 17 日　　　　　　发料仓库：材料仓库

名称及规格	计量单位	数　量		实际单价	金　额	用　途
		请领	实领			
胶管	盘	3	3	98.29	196.58	一般耗用
滤网	件	2	2	128.21	256.42	一般耗用
进口轴承	套	4	4	55.56	222.24	一般耗用
国产轴承	套	20	20	11.54	230.80	一般耗用
机油	桶	10	10	3.94	39.40	一般耗用
合计					945.44	

仓库主管：赵帅　　　　发料人：刘敏　　　　　领料部门主管：刘玉　　　　领料人：王祥

表 3 - 17

领 料 单

NO. 002241

领料部门：纺纱车间　　　　　　　　2019 年 6 月 18 日　　　　　　发料仓库：材料仓库

名称及规格	计量单位	数　量		实际单价	金　额	用　途
		请领	实领			
229 原棉	吨	76	73	8 800	642 400.00	32 支纱
329 原棉	吨	42	38	8 366	317 908.00	21 支纱
3 度纸管	支	2 000	2 000	0.15	300.00	32 支纱
5 度纸管	支	1 952	1 952	0.25	488.00	21 支纱
齿轮油	桶	1	1	54.70	54.70	一般耗用
漏电保护器	个	10	10	21.37	213.70	一般耗用
合计					961 364.40	

仓库主管：赵帅　　　　发料人：刘敏　　　　　领料部门主管：冯斯　　　　领料人：王凯

表 3-18

领　料　单

NO. 002242

领料部门：维修车间　　　　　　　　2019 年 6 月 21 日　　　　　　　　发料仓库：材料仓库

名称及规格	计量单位	数量		实际单价	金额	用途
		请领	实领			
固定卡	只	10	10	35.89	358.90	一般耗用
三角带	条	50	50	4.69	234.50	一般耗用
铁钻头	个	30	30	0.94	28.20	一般耗用
熔断器	个	2	2	22.60	45.20	一般耗用
轮胎	条	10	10	25.60	250.00	一般耗用
合计					916.80	

仓库主管：赵帅　　　　发料人：刘敏　　　　领料部门主管：刘玉　　　　领料人：王祥

表 3-19

领　料　单

NO. 002243

领料部门：纺纱车间　　　　　　　　2019 年 6 月 23 日　　　　　　　　发料仓库：材料仓库

名称及规格	计量单位	数量		实际单价	金额	用途
		请领	实领			
329 原棉	吨	23	20	8 366	167 320.00	21 支纱
胶管	盘	3	3	98.29	294.87	一般耗用
机油	千克	10	10	3.94	39.40	一般耗用
229 原棉	吨	45	45	8 800	396 000.00	32 支纱
控制按钮	个	15	15	8.97	134.55	一般耗用
合计					563 788.82	

仓库主管：赵帅　　　　发料人：刘敏　　　　领料部门主管：冯斯　　　　领料人：王凯

表 3-20

领　料　单

NO. 002244

领料部门：厂部办公室　　　　　　　　2019 年 6 月 24 日　　　　　　　　发料仓库：材料仓库

名称及规格	计量单位	数量		实际单价	金额	用途
		请领	实领			
细锉	把	10	10	10.26	102.60	一般耗用
方锉	把	5	5	5.38	26.90	一般耗用
涂料	桶	2	2	33.40	33.40	一般耗用
合计					162.9	

仓库主管：赵帅　　　　发料人：刘敏　　　　领料部门主管：李树林　　　　领料人：王苹

表 3 - 21

领 料 单

NO. 002245

领料部门：维修车间　　　　　2019 年 6 月 25 日　　　　　发料仓库：材料仓库

名称及规格	计量单位	数 量		实际单价	金 额	用 途
		请领	实领			
针布	卷	1	1	940.00	940.00	设备维修
盖板	套	1	1	2 478.00	2 478.00	设备维修
钢圈	盒	2	2	23.93	47.86	设备维修
皮条	根	100	100	0.30	30.00	设备维修
A45 撑杆件	件	3	3	52.30	156.90	设备维修
合计						

仓库主管：赵帅　　　发料人：刘敏　　　领料部门主管：刘玉　　　领料人：王祥

三、品种法的成本计算程序

1. 根据表 3 - 22"耗用包装料汇总表"，针对共同耗用的包装料 3 531.8 元进行分配，编制表 3 - 23"耗用包装料分配表"。

耗用包装料汇总情况如表 3 - 22 所示。

表 3 - 22

耗用包装料汇总表

2019 年 6 月 30 日　　　　　　　　　　　　单位：元

名 称	21 支纱	32 支纱	共同耗用	合 计
塑料袋	2 000.00		2 000.00	4 000.00
打包扣	1 360.00		1 360.00	2 720.00
打包带	1 540.00		60.80	1 600.80
纺织袋	555.00	610.50	111.00	1 276.50
3 度纸管		825.00		825.00
5 度纸管	1 508.00			1 508.00
合计	8 963.00	1 435.50	3 531.80	11 930.30

制表：张娄

表 3-23

耗用包装料分配表

2019 年 6 月 30 日　　　　　　　　　　　　　　　　单位：元

产品及部门		分配标准	分配率	金　额
产　品	21 支纱			
	32 支纱			
	小　计			
车　间	纺纱车间			
	维修车间			
行政管理部门				
合　　计				

制表：

2. 根据表 3-6～表 3-21 的领料单,编制表 3-24"耗用材料汇总分配表",并编制相关会计分录。

表 3-24

耗用材料汇总分配表

2019 年 6 月 30 日　　　　　　　　　　　　　　　　单位：元

产品及部门		原 棉	包装料	配件及辅料	合　计
产　品	21 支纱				
	32 支纱				
	小　计				
车　间	纺纱车间				
	维修车间				
行政管理部门					
合　　计					

制表：

3. 根据表 3-5"工资结算表",按工时定额分配生产工人的工资,按 14% 计提职工福利费,编制表 3-25"工资及福利费用分配表",并根据"工资及福利费用分配表"编制相关会计分录。

表 3 - 25

工资及福利费用分配表

2019 年 6 月 30 日　　　　　　　　　　　　　　　　　　　单位：元

产品及部门		单位定额工时（时）	定额总工时（时）	工 资		福利费		合　计
				分配率	金额	提取率（%）	金额	
产品	21 支纱							
	32 支纱							
	小　计							
纺纱车间管理人员								
维修车间								
行下管理部门								
合　计								

制表：

4. 根据固定资产折旧资料和表 3 - 2 编制表 3 - 26"固定资产折旧计提表"并编制计提折旧的会计分录。

表 3 - 26

固定资产折旧计提表

2019 年 6 月 30 日　　　　　　　　　　　　　　　　　　　单位：元

固定资产类别		期初原值	本月增加原值	本月减少原值	应提折旧原值	月折旧率（%）	本月折旧额
生产设备	纺纱车间						
	维修车间						
房屋及建筑物	纺纱车间						
	维修车间						
	行政管理部门						
运输部门	运输设备						
合　　计							

制表：

5. 编制用现金支付的所有费用的会计分录。

6. 分配 6 月的水电费，并编制表 3 - 27"水费分配表"和表 3 - 28"电费分配表"，编制相关的会计分录。

表 3-27

水费分配表

2019 年 6 月 30 日

车间及产品		用水量(吨)	计划单价(元/吨)	金额(元)
纺纱车间	生产耗用			
	一般耗用			
	小　计			
维修车间				
行政管理部门				
合计				

制表：

表 3-28

电费分配表

2019 年 6 月 30 日　　　　　　　　　　　　单位：元

车间及产品		用电量(度)	计划单价(元/度)	金　额
纺纱车间	21 支纱			
	32 支纱			
	小　计			
	一般耗用			
维修车间				
行政管理部门				
合计				

制表：

7. 根据各项要素费用分配表及其有关会计分录登记有关生产成本明细账(表)、制造费用明细账(表)，如表 3-29～表 3-33 所示。并编制相关会计分录。

表 3-29

基本生产成本明细账

产品名称：21 支纱

2019 年		摘　　要	直接材料	直接人工	制造费用	合　计
月	日					
6	1	期初在产品成本				
	30	材料费用分配表				
	30	工资及福利费分配表				
	30	制造费用转入				
	30	本期发生额合计				
	30	结转进入产成品成本				

表 3-30

基本生产成本明细账

产品名称：32 支纱

2019 年		摘　　要	直接材料	直接人工	制造费用	合　计
月	日					
6	1	期初在产品成本				
	30	材料费用分配表				
	30	工资及福利费分配表				
	30	制造费用转入				
	30	本期发生额合计				
	30	结转进入产成品成本				

表 3-31

辅助生产成本明细账

车间名称：维修车间

2019 年		摘　　要	材料费	人工费	水电费	折旧费	合　计
月	日						
6	30	材料费用分配表					
	30	工资及福利费分配表					
	30	折旧和待摊费用转入					
	30	水电费分配转入					
	30	货币资金支付费用					
	30	本期发生额合计					
	30	结转各受益部门					

表 3 - 32

制造费用明细账

车间名称：纺纱车间

2019年		摘 要	材料费	人工费	折旧费	办公费	电话费	水电费	合 计
月	日								
6	30	材料费用分配表							
	30	工资及福利费分配表							
	30	折旧费用计算表							
	30	货币资金支付费用							
	30	辅助生产成本分配表							
	30	本期发生额							
	30	期末结转制造费用							

表 3 - 33

制造费用分配表

2019 年 6 月 30 日   单位：元

产品名称	单位定额工时（时）	定额总工时（时）	分 配	
			分配率	金 额
21 支纱				
32 支纱				
合 计				

制表：

8. 在完工产品与在产品之间分配生产费用，编制产品成本计算单，如表3-34 和表3-35 所示。并编制产品完工入库的会计分录。

表 3 - 34

21 支纱产品成本计算单

产品名称：21 支纱　　　　完工产品：218 吨　　　　在产品：12 吨　　　　车间：纺纱车间

年　　月　　日

单元:元

成本项目	直接材料	直接人工	制造费用	合　计
月初在产品				
本月生产成本				
累计				
月末在产品				
完工产品成本				
单位成本				

制表：

表 3 - 35

21 支纱产品成本计算单

产品名称：32 支纱　　　　完工产品：189 吨　　　　在产品：31 吨　　　　车间：纺纱车间

年　　月　　日

单元:元

成本项目	直接材料	直接人工	制造费用	合　计
月初在产品				
本月生产成本				
累计				
月末在产品				
完工产品成本				
单位成本				

制表：

9. 编制完工产品成本汇总表，如表 3 - 36 所示。

表 3 - 36

完工产品成本汇总表

年　　月　　日

单元:元

成本项目	21 支纱(218 吨)		32 支纱(189 吨)	
	总成本	单位成本	总成本	单位成本
直接材料				
直接人工				
制造费用				
合　计				

制表：

【第三单元参考答案】

1. 编制"耗用包装料分配表"

耗用包装料分配情况如表 3-23 所示。

表 3-23

耗用包装料分配表

2019 年 6 月 30 日   单位:元

产品及部门		分配标准	分配率	金　额
产　品	21 支纱	218		1 891.28
	32 支纱	189		1 640.52
	小　计	407	8.68	3 531.80
车　间	纺纱车间	—	—	—
	维修车间	—	—	—
行政管理部门		—	—	—
合　计				3 531.80

制表:张娄

2. 编制"耗用材料汇总分配表",如表 3-24 所示。

表 3-24

耗用材料汇总分配表

2019 年 6 月 30 日   单位:元

产品及部门		原　棉	包装料	配件及辅料	合　计
产　品	21 支纱	1 213 070.00	10 854.28		1 223 924.28
	32 支纱	1 839 200.00	2 276.02		1 841 476.02
	小　计	3 052 270.00	13 130.30		3 065 400.30
车　间	纺纱车间	—	—	737.22	737.22
	维修车间	—	—	11 099.35	11 099.35
行政管理部门		—	—	162.90	162.90
合　计		3 052 270.00	13 130.30	11 999.47	3 077 399.77

制表:张娄

根据包装料及材料汇总分配表,编制分录:

① 借：生产成本——基本生产成本——21 支纱——直接材料   1 223 924.28

                      ——32 支纱——直接材料   1 841 476.02

        ——辅助生产成本——维修车间——材料   11 099.35

    制造费用——纺纱车间——材料费   737.22

    管理费用——物料   162.90

    贷：原材料——原棉   3 052 270.00

        ——包装料   13 130.30

        ——配件及辅料   11 999.47

3. 编制"工资及福利费用分配表"

工资及福利费用分配结果如表 3-25 所示。

表 3-25

工资及福利费用分配表

2019 年 6 月 30 日   单位：元

产品及部门		单位定额工时（时）	定额总工时（时）	工资		福利费		合 计
				分配率	金额	提取率（%）	金额	
产品	21 支纱	12	2 616		273 342.63	14	38 267.97	311 610.60
	32 支纱	15	2 835		296 225.67	14	41 471.59	337 697.26
	小 计		5 451	104.49	569 568.30	14	79 739.56	649 307.86
纺纱车间管理人员					99 574.46	14	13 940.42	113 514.88
维修车间					49 637.42	14	6 949.24	56 586.66
行下管理部门					99 658.90	14	13 952.25	113 611.15
合计					818 439.08		114 581.47	933 020.55

制表：张娄

根据工资及福利费用分配表编制分录：

② 借：生产成本——基本生产成本——21 支纱——直接人工   311 610.60

                      ——32 支纱——直接人工   337 697.26

        ——辅助生产成本——维修车间——人工   56 586.66

    制造费用——纺纱车间——人工费   113 514.88

    管理费用——人工费   113 611.15

    贷：应付职工薪酬——工资   818 439.08

        ——福利费   114 581.47

4. 编制"固定资产折旧计提表"

分配结果如表 3-26 所示。

表 3-26

固定资产折旧计提表

2019 年 6 月 30 日 单位:元

固定资产类别		期初原值	本月增加原值	本月减少原值	应提折旧原值	月折旧率(%)	本月折旧额
生产设备	纺纱车间	1 869 000	21 000		1 890 000	0.6	11 340
	维修车间	630 000		50 000	630 000	0.6	3 780
房屋及建筑物	纺纱车间	1 520 000			1 520 000	0.2	3 040
	维修车间	110 000			110 000	0.2	220
	行政管理部门	2 100 000			2 100 000	0.2	4 200
运输部门	运输设备	350 000			350 000	0.8	2 800
合　计		6 579 000			6 600 000		25 380

制表:张娄

根据折旧费计提表,编制分录:

③ 借:生产成本——辅助生产成本——维修车间——折旧费　　　　　　4 000

　　　　制造费用——纺纱车间——折旧费　　　　　　　　　　　　　　14 380

　　　　管理费用——折旧费　　　　　　　　　　　　　　　　　　　　7 000

　　　　贷:累计折旧　　　　　　　　　　　　　　　　　　　　　　　　　　25 380

5. 编制用现金支付的所有费用的会计分录

本月用现金支付的费用有:纺纱车间统计资料购置费 360 元,纺纱车间以现金购买文具 120 元,采购出差报销差旅费 759 元,支付纺纱车间电话费 2 865.73 元。

会计分录为:

④ 借:制造费用——纺纱车间——办公费　　　　　　　　　　　　　　480

　　　　　　　　　　　　　　——电话费　　　　　　　　　　　　　　2 865.73

　　　　管理费用——差旅费　　　　　　　　　　　　　　　　　　　759

　　　　贷:库存现金　　　　　　　　　　　　　　　　　　　　　　　　　4 104.73

6. 分配本月应负担的电费和水费

收到自来水公司发票,水费 62 462.40 元,税费 8 120.11 元;收到电力公司发票,电费 346 399.41 元,税费 58 887.94 元,款未付。分配情况如表 3-27、表 3-28 所示。

表 3 - 27

水费分配表

2019 年 6 月 30 日   单位:元

车间及产品		用水量(吨)	计划单价(元/吨)	金　额
纺纱车间	生产耗用			
	一般耗用	20 300	2	40 600
	小　计	20 300		40 600
维修车间		5 000	2	10 000
行政管理部门		3 092	2	6 184
合计		28 392		56 784

制表:张娄

表 3 - 28

电费分配表

2019 年 6 月 30 日   单位:元

车间及产品		用电量(度)	计划单价(元/度)	金　额
纺纱车间	21 支纱	384 440		192 220.00
	32 支纱	416 623		208 311.50
	小　计	801 063		400 531.50
	一般耗用		0.5	
维修车间		5 012		2 506.00
行政管理部门		4 500		2 250.00
合计		810 575		405 287.50

制表:张娄

根据水费、电费分配表,编制如下分录:(差额计入管理费用)

⑤ 借:生产成本——基本生产成本——21 支纱——直接材料　　192 220.00

　　　　　　　　　　　　——32 支纱——直接材料　　208 311.50

　　　　——辅助生产成本——维修车间——水电费　　　　2 506.00

　　管理费用——水电费　　　　　　　　　　　　　　　5 824.31

　　应交税费——应交增值税(进项税额)　　　　　　　67 008.05

　　　贷:应付账款——自来水公司　　　　　　　　　　　70 582.51

　　　　　　　　　——电力公司　　　　　　　　　　　405 287.35

7. 根据各项要素费用分配表及有关分录登记有关生产成本明细账(表)、制造费用明细账(表)、产品成本计算单(表)，如表 3-29、表 3-30、表 3-31、表 3-32、表 3-33 所示

表 3-29

基本生产成本明细账

产品名称：21 支纱

2019 年		摘　要	直接材料	直接人工	制造费用	合　计
月	日					
6	1	期初在产品成本	528 000.00			528 000.00
	30	材料费用分配表	①⑤1 416 144.28			1 416 144.28
	30	工资及福利费分配表		②311 610.60		311 610.60
	30	制造费用转入			⑦98 937.12	98 937.12
	30	本期发生额合计	1 416 144.28	311 610.60	98 937.12	1 826 692.00
	30	结转进入产成品成本	⑧-1 838 544.28	⑧-311 610.60	⑧-98 937.12	-2 249 092

表 3-30

基本生产成本明细账

产品名称：32 支纱

2019 年		摘　要	直接材料	直接人工	制造费用	合　计
月	日					
6	1	期初在产品成本	71 947.60			71 947.60
	30	材料费用分配表	①⑤2 049 787.52			2 049 787.52
	30	工资及福利费分配表		②337 697.26		337 697.26
	30	制造费用转入			⑦107 232.72	107 232.72
	30	本期发生额合计	2 049 787.52	337 697.26	107 232.72	2 494 717.50
	30	结转进入产成品成本	⑧-1 862 389.12	⑧-337 697.26	⑧-107 232.72	-2 307 319.10

表 3-31

辅助生产成本明细账

车间名称：维修车间

2019 年		摘　要	材料费	人工费	水电费	折旧费	合　计
月	日						
6	30	材料费用分配表	①11 099.35				11 099.35
	30	工资及福利费分配表		②56 586.66			56 586.66

（续表）

2019年		摘　要	材料费	人工费	水电费	折旧费	合　计
月	日						
	30	折旧和待摊费用转入				③4 000.00	4 000.00
	30	水电费分配转入			⑤2 506.00		2 506.00
	30	货币资金支付费用					
	30	本期发生额合计	11 099.35	56 586.66	2 506.00	4 000.00	74 192.01
	30	结转各受益部门	⑥−11 099.35	⑥−56 586.66	⑥−2 506.00	⑥−4 000.00	−74 192.01

表 3 - 32

制造费用明细账

车间名称：纺纱车间

2019年		摘　要	材料费	人工费	折旧费	办公费	电话费	水电费	合　计
月	日								
	30	材料费用分配表	① 737.22						737.22
	30	工资及福利费分配表		② 113 514.88					113 514.88
	30	折旧费用计算表			③ 14 380.00				14 380.00
	30	货币资金支付费用				④ 480.00	④ 2 865.73		3 345.73
	30	辅助生产成本分配表	⑥ 11 099.35	⑥ 56 586.66	⑥ 4 000.00			⑥ 2 506.00	74 192.01
	30	本期发生额	11 836.57	170 101.54	18 380.00	480.00	2 865.73	2 506.00	206 169.84
	30	期末结转制造费用	⑦ −11 836.57	⑦ −170 101.54	⑦ −18 380.00	⑦ −480.00	⑦ −2 865.73	⑦ −2 506.00	−206 169.84

将辅助生产成本结转进入制造费用，会计分录为：

⑥ 借：制造费用——纺纱车间——材料费　　　　　　　　11 099.35
　　　　　　　　　　　　——人工费　　　　　　　　56 586.66
　　　　　　　　　　　　——折旧费　　　　　　　　4 000
　　　　　　　　　　　　——水电费　　　　　　　　2 506
　　　贷：生产成本——辅助生产成本——维修车间——材料费　　11 099.35
　　　　　　　　　　　　　　　　　　　　——人工费　　　56 586.66
　　　　　　　　　　　　　　　　　　　　——水电费　　　2 506
　　　　　　　　　　　　　　　　　　　　——折旧费　　　4 000

表 3-33

制造费用分配表

2019 年 6 月 30 日　　　　　　　　　　　　　　　单位：元

产品名称	单位定额工时（时）	定额总工时（时）	分配率	金额
21 支纱	12	2 616		98 937.12
32 支纱	15	2 835	37.82	107 232.72
合　计		5 451		206 169.84

制表：张娄

根据制造费用分配表，编制会计分录：

⑦ 借：生产成本——基本生产成本——21 支纱——制造费用　　98 937.12
　　　　　　　　　　　　　　——32 支纱——制造费用　　107 232.72
　　　贷：制造费用——纺纱车间——材料费　　　　　　　　11 836.57
　　　　　　　　　　　　——人工费　　　　　　　　170 101.54
　　　　　　　　　　　　——折旧费　　　　　　　　18 380.00
　　　　　　　　　　　　——办公费　　　　　　　　480.00
　　　　　　　　　　　　——电话费　　　　　　　　2 865.73
　　　　　　　　　　　　——水电费　　　　　　　　2 506.00

8. 在完工产品与在产品之间分配生产费用，如表 3-34、表 3-35 所示

表 3-34

21 支纱产品成本计算单

产品名称：21 支纱　　完工产品：218 吨　　在产品：12 吨　　车间：纺纱车间

2019 年 6 月 30 日

成本项目	直接材料	直接人工	制造费用	合　计
月初在产品	528 000.00			528 000.00
本月生产成本	1 416 144.28	311 610.60	98 937.12	1 826 692.00
累计	1 944 144.28	311 610.60	98 937.12	2 354 692.00
月末在产品	105 600.00			105 600.00
完工产品成本	1 838 544.28	311 610.60	98 937.12	2 249 092.00
单位成本	8 433.69	1 429.41	453.84	10 316.94

制表：张娄

表 3-35

21 支纱产品成本计算单

产品名称：32 支纱　　　　完工产品：189 吨　　　　在产品：31 吨　　　　车间：纺纱车间

2019 年 6 月 30 日

成本项目	直接材料	直接人工	制造费用	合　计
月初在产品	71 947.60			71 947.60
本月生产成本	2 049 787.52	337 697.26	107 232.72	2 494 717.50
累计	2 121 735.12	337 697.26	107 232.72	2 566 665.10
月末在产品	259 346.00			259 346.00
完工产品成本	1 862 389.12	337 697.26	107 232.72	2 307 319.10
单位成本	9 853.91	1 786.76	567.37	12 208.04

制表：张娄

9. 结转产成品生产成本，并编制完工产品成本汇总表，如表 3-36 所示

根据表 3-34、表 3-35 编制完工产品结转分录：

```
借：库存商品——21 支纱                                        2 249 092.00
           ——32 支纱                                        2 307 319.10
    贷：生产成本——基本生产成本——21 支纱——直接材料       1 838 544.28
                                        ——直接人工           311 610.60
                                        ——制造费用            98 937.12
                            ——32 支纱——直接材料           1 862 389.12
                                        ——直接人工           337 697.26
                                        ——制造费用           107 232.72
```

表 3-36

完工产品成本汇总表

2019 年 6 月 30 日　　　　　　　　　　　　　　　　　　单位：元

成本项目	21 支纱(218 吨)		32 支纱(189 吨)	
	总成本	单位成本	总成本	单位成本
直接材料	1 838 544.28	8 433.69	1 862 389.12	9 853.91
直接人工	311 610.60	1 429.41	337 697.26	1 786.76
制造费用	98 937.12	453.84	107 232.72	567.37
合　计	2 249 092.00	10 316.94	2 307 319.10	12 208.04

制表：张娄

分批法成本计算

一、企业的基本情况

湖南洋格服饰有限公司是一家集服装生产、进出口贸易于一体的多功能企业集团。公司设有裁剪、缝纫、整理包装三个基本生产车间,按生产任务通知单(工作令号)分批组织生产。成本会计:张湖。2019 年 9 月,基本生产车间同时生产三批产品:

女式牛仔裤 200 件,8 月 5 日投产,批号为 101♯,在 9 月份全部完工;

女式牛仔裙 100 件,9 月 3 日投产,批号为 102♯,当月完工 20 件;

女式牛仔外套 200 件,9 月 6 日投产,批号为 103♯,尚未完工。

二、成本计算的有关资料

成本项目设有"直接材料""直接人工"和"制造费用"。辅助生产部门是机器设备修理小组,不单独计算成本,所发生的费用记入制造费用明细账。

1. 批号为 101♯ 的女式牛仔裤月初在产品成本 8 000 元,其中:直接材料费用 5 000 元,直接人工费用 2 000 元,制造费用 1 000 元。

2. 本月发生的各项费用如下:

(1) 101♯ 女式牛仔裤耗用原材料 200 000 元,102♯ 女式牛仔裙耗用原材料 120 000 元,103♯ 女式牛仔外套耗用原材料 300 000 元,生产车间一般耗用原材料 10 000 元;

(2) 生产工人工资 225 000 元,车间管理人员工资 5 000 元;

(3) 车间耗用外购的水电费 6 000 元,以银行存款付讫;

(4) 计提车间负担的固定资产折旧费 8 000 元;

(5) 车间负担的其他费用 1 500 元,以银行存款付讫。

3. 其他有关资料如下:

(1) 职工福利费用按工资总额的 14% 计提;

(2) 原材料采用计划成本计价,原材料成本差异率 1%;

(3) 生产工人工资按产品生产工时比例分配,其中:101♯ 女式牛仔裤工时为 10 000 小时,102♯ 女式牛仔裙工时为 20 000 小时,103♯ 女式牛仔外套工时为 15 000 小时;

(4) 基本生产车间的制造费用按产品生产工时比例进行分配;

(5) 102♯ 女式牛仔裙完工 20 件按定额成本转出,102♯ 女式牛仔裙定额单位成本为:直接材料 1 000 元,直接人工 120 元,制造费用 80 元。

三、分批法的成本计算程序

1. 设置成本计算单

采用分批法计算产品成本应按产品的投产批别分别设置成本计算单,如表 4-5、表 4-6、表 4-7 所示。

2. 分配各项费用要素

根据资料,编制费用分配表来分配各项费用要素,编制会计分录。

(1) 编制原材料费用分配表,如表 4-1 所示。

表 4-1

原材料费用分配表

年 月 日

单位:

应借账户	成本或费用项目	计划成本	材料差异额	材料实际成本

制表:

根据原材料费用分配表,编制会计分录:

(2) 编制工资及福利等费用分配表,如表 4-2 所示。

表 4-2

工资及职工福利等费用分配表

年 月 日

金额单位:

应借账户	工资					福利等费用(14%)	合计
	生产工人			车间管理人员	合计		
	生产工时(小时)	分配率	分配金额				

制表:

根据工资及职工福利等费用分配表,编制会计分录:

(3) 折旧费、水电费及其他费用的核算。

a. 支付本月的水电费:

b. 提取固定资产折旧费:

c. 本月发生的其他费用:

3. 归集和分配基本生产车间的制造费用

制造费用明细账如表4-3、制造费用分配表如表4-4所示。

表4-3

制造费用明细账

年		记账凭证		摘要	材料费	工资	福利费	水电费	折旧费	其他	合计
月	日	种类	号数								

表4-4

制造费用分配表

年　月　日　　　　　　　　　　　　　　　　金额单位:元

应借账户	成本项目	生产工时(小时)	分配率(元/小时)	应分配金额

制表:

根据制造费用分配表,编制会计分录:

4. 计算并结转完工产品成本(见表4-5、表4-6、表4-7)

表 4 - 5

基本生产成本明细账

批号： 　　　　　　　　　　　　　　　　　　　　　　开工日期：

产品名称： 　　　　　　　批量： 　完工： 　　　　完工日期：

年		凭证		摘　要	直接材料	直接人工	制造费用	合计
月	日	种类	号数					

表 4 - 6

基本生产成本明细账

批号： 　　　　　　　　　　　　　　　　　　　　　　开工日期：

产品名称： 　　　　　　　批量： 　　完工： 　　　　完工日期：

年		凭证		摘　要	直接材料	直接人工	制造费用	合计
月	日	种类	号数					

表 4-7

基本生产成本明细账

批号：　　　　　　　　　　　　　　　　　　　　　　　　开工日期：

产品名称：　　　　　　　　　　批量：　完工：　　　　　　完工日期：

年		凭证		摘　　要	直接材料	直接人工	制造费用	合计
月	日	种类	号数					

根据成本计算单编制结转 101♯、102♯完工产品成本的会计分录：

【第四单元参考答案】

1. 分配各项费用要素

根据资料,编制费用分配表来分配各项费用要素,编制会计分录。

(1) 编制原材料费用分配表,如表 4-1 所示。

表 4-1

原材料费用分配表

2019 年 9 月　　　　　　　　　　　　　单位：元

应借账户		成本或费用项目	计划成本	材料差异额	材料实际成本
生产成本	101♯女式牛仔裤	直接材料	200 000	2 000	202 000
	102♯女式牛仔裙	直接材料	120 000	1 200	121 200
	103♯女式牛仔外套	直接材料	300 000	3 000	303 000
小　　计			620 000	6 200	626 200
制造费用	机物料消耗	材料费	10 000	100	10 100
合　　计			630 000	6 300	636 300

制表：张湖

根据原材料费用分配表,编制会计分录：

借：生产成本——101♯女式牛仔裤（直接材料）　　　　　　　　　　　200 000

　　　　——102♯女式牛仔裙（直接材料）　　　　　　　　　　　120 000

　　　　——103♯女式牛仔外套（直接材料）　　　　　　　　　　300 000

　　制造费用——材料费　　　　　　　　　　　　　　　　　　　　10 000

　　贷：原材料　　　　　　　　　　　　　　　　　　　　　　　　　630 000

借：生产成本——101＃女式牛仔裤（直接材料）　　　　　　　　2 000
　　　　　——102＃女式牛仔裙（直接材料）　　　　　　　　1 200
　　　　　——103＃女式牛仔外套（直接材料）　　　　　　　3 000
　　制造费用——材料费　　　　　　　　　　　　　　　　　100
　　贷：材料成本差异　　　　　　　　　　　　　　　　　　　　　6 300

（2）编制工资及福利等费用分配表，如表 4-2 所示。

根据工资及职工福利等费用分配表，编制会计分录：

借：生产成本——101＃女式牛仔裤（直接人工）　　　　　　　50 000
　　　　　——102＃女式牛仔裙（直接人工）　　　　　　　100 000
　　　　　——103＃女式牛仔外套（直接人工）　　　　　　　75 000
　　制造费用——工资　　　　　　　　　　　　　　　　　5 000
　　贷：应付职工薪酬——工资　　　　　　　　　　　　　　　　230 000

表 4-2

工资及职工福利等费用分配表

2019 年 9 月　　　　　　　　　　　　　　金额单位：元

应借账户		工 资					福利等费用（14%）	合计
		生产工人			车间管理人员	合计		
		生产工时（小时）	分配率	分配金额				
生产成本	101＃女式牛仔裤	10 000		50 000		50 000	7 000	57 000
	102＃女式牛仔裙	20 000		100 000		100 000	14 000	114 000
	103＃女式牛仔外套	15 000		75 000		75 000	10 500	85 500
	小计	45 000	5	225 000		225 000	31 500	2 565 000
制造费用					5 000	5 000	700	5 700
合计				225 000	5 000	230 000	32 200	2 622 000

制表：张湖

借：生产成本——101＃女式牛仔裤（直接人工）　　　　　　　7 000
　　　　　——102＃女式牛仔裙（直接人工）　　　　　　　14 000
　　　　　——103＃女式牛仔外套（直接人工）　　　　　　　10 500
　　制造费用——福利费　　　　　　　　　　　　　　　　　700
　　贷：应付职工薪酬——福利费　　　　　　　　　　　　　　　32 200

（3）折旧费、水电费及其他费用的核算。

a. 支付本月的水电费：

借：制造费用——水电费 6 000
 贷：银行存款 6 000

b. 提取固定资产折旧费：

借：制造费用——折旧费 8 000
 贷：银行存款 8 000

c. 本月发生的其他费用：

借：制造费用——其他 1 500
 贷：银行存款 1 500

2. 归集和分配基本生产车间的制造费用

制造费用明细账如表 4-3 所示、制造费用分配表如表 4-4 所示。

表 4-3

制造费用明细账

2019年 月	日	摘 要	材料费	工资	福利费	水电费	折旧费	其他	合计
9	30	消耗材料	10 000						10 000
	30	结转成本差异	100						100
	30	结算工资		5 000					5 000
	30	计提福利等费用			700				700
	30	支付水电费				6 000			6 000
	30	计提折旧					8 000		8 000
	30	其他费用						1 500	1 500
9	30	本月合计	10 100	5 000	700	6 000	8 000	1 500	31 300
	30	分配转出	10 100	5 000	700	6 000	8 000	1 500	31 300

注：□表示框内数字为红字。

表 4-4

制造费用分配表

2019 年 9 月 金额单位：元

应借账户		成本项目	生产工时（小时）	分配率（元/小时）	应分配金额
生产成本	101#女式牛仔裤	制造费用	10 000		6 956
	102#女式牛仔裙	制造费用	20 000		13 912
	103#女式牛仔外套	制造费用	15 000		10 432
	合计		45 000	0.695 6	31 300

制表：张湖

根据制造费用分配表,编制会计分录:

借：生产成本——101#女式牛仔裤(制造费用)　　　　　　　　　　6 956
　　　　　　——102#女式牛仔裙(制造费用)　　　　　　　　　　13 912
　　　　　　——103#女式牛仔外套(制造费用)　　　　　　　　　10 432
　　贷：制造费用——材料费　　　　　　　　　　　　　　　　　10 100
　　　　　　　　——工资　　　　　　　　　　　　　　　　　　5 000
　　　　　　　　——福利费　　　　　　　　　　　　　　　　　　700
　　　　　　　　——水电费　　　　　　　　　　　　　　　　　6 000
　　　　　　　　——折旧费　　　　　　　　　　　　　　　　　8 000
　　　　　　　　——其他　　　　　　　　　　　　　　　　　　1 500

3. 计算并结转完工产品成本,如表4-5、表4-6、表4-7所示。

表4-5

基本生产成本明细账

批号：101#　　　　　　　　　　　　　　　　　　　　　　开工日期：8月5日
产品名称：女式牛仔裤　　　批量：200件　完工200件　　　完工日期：9月30日

| 2019年 | | 凭证 | | 摘　要 | 直接材料 | 直接人工 | 制造费用 | 合　计 |
月	日	种类	号数					
8	30			月末在产品成本	5 000	2 000	1 000	8 000
9	30			材料分配表	202 000			202 000
	30			工资及福利费分配表		57 000		57 000
	30		略	制造费用分配表			6 956	6 956
	30			本月生产费用合计	207 000	59 000	7 956	273 956
	30			生产费用累计	207 000	59 000	7 956	273 956
	30			结转完工产品成本	[207 000]	[59 000]	[7 956]	[273 956]
	30			单位成本	1 035	295	39.78	1 369.78

注：□表示框内数字为红字。

表4-6

基本生产成本明细账

批号：102#　　　　　　　　　　　　　　　　　　　　　　开工日期：9月3日
产品名称：女式牛仔裙　　　批量：100件　完工20件　　　　完工日期：9月30日

| 2019年 | | 凭证 | | 摘　要 | 直接材料 | 直接人工 | 制造费用 | 合　计 |
月	日	种类	号数					
9	30			材料分配表	121 200			121 200
9	30			工资及福利费分配表		114 000		114 000
	30			制造费用分配表			13 912	13 912

（续表）

2019年		凭证		摘　要	直接材料	直接人工	制造费用	合　计
月	日	种类	号数					
	30		略	合计	121 200	114 000	13 912	249 112
	30			结转完工产品成本	20 000	2 400	1 600	24 000
	30			月末在产品成本	101 200	111 600	12 312	225 112

注：□ 表示框内数字为红字。

表 4-7

基本生产成本明细账

批号：103#　　　　　　　　　　　　　　　　　　　　　　开工日期：9月6日
产品名称：女式牛仔外套　　批量：200件　　完工：　　　　完工日期：

2019年		凭证		摘　要	直接材料	直接人工	制造费用	合　计
月	日	种类	号数					
9	30			材料分配表	303 000			303 000
9	30			工资及福利费分配表		85 500		85 500
	30			制造费用分配表			10 432	10 432
	30		略	合计	303 000	85 500	10 432	398 932

根据成本计算单编制结转101#、102#完工产品成本的会计分录：

借：库存商品——101#女式牛仔裤　　　　　　　　　273 956
　　　　　　——102#女式牛仔裙　　　　　　　　　 24 000
　贷：生产成本——101#女式牛仔裤（直接材料）　　　207 000
　　　　　　——101#女式牛仔裙（直接人工）　　　　59 000
　　　　　　——101#女式牛仔裤（制造费用）　　　　 7 956
　　　　　　——102#女式牛仔裤（直接材料）　　　　20 000
　　　　　　——102#女式牛仔裤（直接人工）　　　　 2 400
　　　　　　——102#女式牛仔裤（制造费用）　　　　 1 600

分步法成本计算

一、综合结转分步法成本计算

通过设置账户,编制记账凭证,登记账簿,运用综合结转分步法核算产品成本(不需进行成本还原)来达到计算产品在每一步骤的总成本和单位成本的目的。其中,生产成本二级账按生产步骤设置,各步骤下的三级明细科目按内容设置,分别为"半成品""直接材料""直接人工""燃料及动力""制造费用"。

(一)企业基本情况

红孩子公司设有三个基本生产车间和一个辅助生产车间,生产一种儿童用自行车。产品由三个基本车间的连续加工成产成品,第一车间负责将管材等原材料加工为架叉配件,第二车间负责将架叉配件进行烤漆,第三车间负责将架叉及外购的其他配件组装成整车,半成品均通过半成品库收发。产品成本的计算采用综合结转分步法,各车间生产费用的分配均采用约当产量法。第一车间的原材料在生产开始时一次性投入;第二车间的自制半成品在生产开始时一次性投入,原材料陆续投入且与加工程度一致,第三车间的自制半成品在生产开始时一次性投入,各步骤外购件陆续投入且与加工程度一致。各车间月末在产品的完工程度均为50%。各自制半成品的发出均采用全月一次加权平均法。供汽车间为基本生产和管理部门提供劳务,其费用均通过"辅助生产成本"账户核算,不设置"制造费用"账户,费用按提供的劳务量直接对外分配。成本会计:张红。

(二)本月资料

1. 2019年5月1日有关账户月初余额如表5-1所示。

"辅助生产成本""制造费用"账户月初余额均为零。第一半成品库的月初半成品总成本为3 795.8元,第二半成品库的月初半成品总成本为7 066.28元。

表5-1

基本生产成本月初余额表

2019年5月1日 单位:元

项 目	成 本 项 目				
车 间	自制半成品	直接材料（或外购件）	直接人工	燃料及动力	制造费用	合 计
第一车间		1 579.6	338.8	34.4	324	2 276.8

（续表）

项　目	成　本　项　目				
车　间	自制半成品	直接材料（或外购件）	直接人工	燃料及动力	制造费用	合　计
第二车间	9 126.26	2 128	907.8	111.95	1 480.5	13 754.51
第三车间	4 774.38	1 260	246.19	12.7	335.16	6 628.43

制表：张红

2. 2019 年 5 月产量统计表如表 5-2 所示。

表 5-2

产量统计表

2019 年 5 月 31 日　　　　　　　　　　单位：件

项　目	月初在产品数量	本月投产量（或收入）	本月完工量（或发出）	月末在产品数量
第一车间	102	2 518	2 380	240
第一半成品库	130	2 380	2 450	60
第二车间	312	2 450	2 678	84
第二半成品库	124	2 678	2 750	52
第三车间	84	2 750	2 780	54

制表：张红

3. 2019 年 5 月发生的与产品成本有关的经济业务如表 5-3～表 5-9 所示。

表 5-3

材料费用分配汇总表

2019 年 5 月 31 日　　　　　　　　　　单位：元

车间、部门		主要材料	辅助材料	其他材料	外购件	合　计
基本生产车间生产产品	第一车间	34 659.49	4 318.51			38 978
	第二车间		34 891.2			34 891.2
	第三车间				82 950	82 950
基本生产车间组织管理	第一车间			2 398.21		2 398.21
	第二车间			5 235.51		5 235.51
	第三车间			4 517.7		4 517.7
辅助生产车间				726.3		726.3
行政管理部门				695.23		695.23
合　计		34 659.49	39 209.71	13 572.95	82 950	170 392.15

制表：张红

表 5-4

职工薪酬费分配表

2019 年 5 月 31 日　　　　　　　　　　　　　　　　单位：元

车间、部门		工　资	其他职工薪酬	合　计
基本生产车间生产工人	第一车间	11 830	4 732	16 562
	第二车间	13 090	5 236	18 326
	第三车间	14 311.5	5 724.6	20 036.1
基本生产车间管理人员	第一车间	4 326	1 730.4	6 056.4
	第二车间	6 123.5	2 449.4	8 572.9
	第三车间	5 980	2 392	8 372
辅助生产车间		2 315	926	3 241
行政管理部门		5 689	2 275.6	7 964.6
销售部门		2 693	1 077.2	3 770.2
合　计		66 358	26 543.2	92 901.2

注：其他职工薪酬按工资的 40％提取。　　　　　　　　　　　　　　制表：张红

表 5-5

折旧费用分配表

2019 年 5 月 31 日　　　　　　　　　　　　　　　　单位：元

车间、部门		9 月固定资产折旧额	9 月增加固定资产折旧额	9 月减少固定资产折旧额	本月固定资产折旧额
基本生产车间	第一车间	2 250	120		2 370
	第二车间	5 460			5 460
	第三车间	5 056		200	4 856
辅助生产车间		753			753
行政管理部门		1 869			1 869
销售部门		456			456
合　计		15 844	120	200	15 764

注：9 月，第一车间购进一台车床，原值 30 000 元，月折旧率 4‰；第三车间报废两台车床，原值共 50 000 元，月折旧率 4‰。

制表：张红

表5-6

水电费分配表

2019 年 5 月 31 日 　　　　　　　　　　　　　　　　单位：元

车间、部门		水　费	电　费	金　额
基本生产车间	第一车间	1 256	1 744	3 000
	第二车间	1 547	1 869	3 416
	第三车间	1 203	1 801	3 004
辅助生产车间		698	706	1 404
行政管理部门		290	390	680
销售部门		298	354	652
合　计		5 292	6 864	12 156

制表：张红

表5-7

待摊费用摊销计算表

2019 年 5 月 31 日 　　　　　　　　　　　　　　　　单位：元

车间、部门		财产保险费	报纸杂志费	合　计
基本生产车间	第一车间	468	404.4	872.4
	第二车间	659	369	1 028
	第三车间	566	421	987
辅助生产车间		135	106	241
行政管理部门		922	1 040	1 962
销售部门		266	386	652
合　计		3 016	2 726.4	5 742.4

制表：张红

表5-8

其他费用表

2019 年 5 月 31 日 　　　　　　　　　　　　　　　　单位：元

车间、部门		办公费	差旅费	其他费用	合　计
基本生产车间	第一车间	356	886	193	1 435
	第二车间	463	966	286	1 715
	第三车间	435	790	429	1 654
辅助生产车间		356.6		195.4	552

（续表）

车间、部门	办公费	差旅费	其他费用	合　计
行政管理部门	1 602.6	2 501.3	502	4 605.9
销售部门	450		115	565
合　计	3 663.2	5 143.3	1 720.4	10 526.9

注：其他费用以银行存款支付，其结算凭证从略。　　　　　　　　　　　　制表：张红

表 5-9

辅助生产车间提供的劳务量

2019 年 5 月 31 日　　　　　　　　　　　　单位：件

车间、部门		数　量
基本生产车间生产产品	第一车间	25
	第二车间	27
	第三车间	12
基本生产车间组织管理	第一车间	8
	第二车间	9
	第三车间	3
行政管理部门		4
销售部门		2
合　计		90

制表：张红

（三）采用综合结转分步法核算产品成本程序（不需进行成本还原）

具体包括填制记账凭证和登记有关明细账（注意："基本生产成本"明细账应登记月初余额，各明细账应进行月结）。格式如下。

1. 根据材料费用分配汇总表（表 5-3），填制记账凭证（以会计分录表示），登记有关明细账。

2. 根据职工薪酬费用分配表（表 5-4），填制记账凭证（以会计分录表示），登记有关明细账。

3. 根据折旧费用分配表(表5-5),填制记账凭证(以会计分录表示),登记有关明细账。

4. 根据水电费分配表(表5-6),填制记账凭证(以会计分录表示),登记有关明细账。

5. 根据待摊费用摊销计算表(表5-7),填制记账凭证(以会计分录表示),登记有关明细账。

6. 根据其他费用表(表5-8),填制记账凭证(以会计分录表示),登记有关明细账。

7. 根据辅助生产费用分配表(表5-11),填制记账凭证(以会计分录表示),登记有关明细账。

8. 结转第一车间制造费用,填制记账凭证(以会计分录表示),登记有关明细账。

9. 结转第一车间完工半成品成本,填制记账凭证(以会计分录表示),登记有关明细账。

10. 第二车间领用半成品继续加工。

11. 结转第二车间制造费用,填制记账凭证(以会计分录表示),登记有关明细账。

12. 结转第二车间完工半产品成本,填制记账凭证(以会计分录表示),登记有关明细账。

13. 第三车间领用半成品继续加工,填制会计凭证(以会计分录表示),登记有关明细账。

14. 结转第三车间制造费用,填制记账凭证(以会计分录表示),登记有关明细账。

15. 结转第三车间完工产成品成本,填制记账凭证(以会计分录表示),登记有关明细账。

表 5 - 10

辅助生产成本明细账

车间：供汽车间

2019年		凭证		摘　要	材料费用	工资费用	折旧费	水电费	保险费	报刊费	办公费	合计
月	日	字	号									
5												

表 5 - 11

辅助生产费用分配表

2019 年 5 月

车间、部门		数　量	单　价	金　额
基本生产车间产品耗用	第一车间	25		
	第二车间	27		
	第三车间	12		
基本生产车间管理耗用	第一车间	8		
	第二车间	9		
	第三车间	3		
行政管理部门		4		
销售部门		2		
合　计		90		

表 5 - 12

制造费用明细账

车间：第一车间

2019 年		凭证		摘要	材料费	人工费	折旧费	水电费	保险费	报刊费	差旅费	办公费	其他	合计
月	日	字	号											
5														

表 5 - 13

基本生产成本明细账

车间：第一车间　　　　　　　　　　　　　　　　　　　完工半成品数量：2 380
产品：架叉配件　　　　　　　　　　　　　　　　　　　月末在产品数量：240

2019 年		凭证		摘要	成本项目					合计
月	日	字	号		半成品	直接材料	直接人工	燃料及动力	制造费用	
5										

表 5 - 14

自制半成品明细账

仓库：第一半成品库
产品：架叉配件

2019 年	月初余额		本月增加		合　计			本月减少	
月份	数量（件）	总成本	数量（件）	总成本	数量（件）	总成本	单位成本	数量（件）	总成本

表 5 - 15

制造费用明细账

车间：第二车间

2019 年		凭证		摘要	材料费	人工费	折旧费	水电费	保险费	报刊费	办公费	差旅费	其他	合计
月	日	字	号											
5														

表 5 - 16

基本生产成本明细账

车间：　　　　　　　　　　　　　　　　　　　　完工半成品数量：
产品：　　　　　　　　　　　　　　　　　　　　月末在产品数量：

2019 年		凭证		摘　要	成　本　项　目					
月	日	字	号		半成品	直接材料	直接人工	燃料及动力	制造费用	合计
5										

表 5 - 17

自制半成品明细账

仓库：第二半成品库
产品：已烤漆的架叉配件

2019年	月初余额		本月增加		合　计			本月减少	
月份	数量（件）	总成本	数量（件）	总成本	数量（件）	总成本	单位成本	数量（件）	总成本
5									

表 5 - 18

制造费用明细账

车间：第三车间

2019年		凭证		摘要	材料费	人工费	折旧费	水电费	保险费	报刊费	办公费	差旅费	其他	合计
月	日	字	号											
5														

表 5 - 19

基本生产成本明细账

车间：　　　　　　　　　　　　　　　　　　　　　　　完工产品数量：
产品：　　　　　　　　　　　　　　　　　　　　　　　月末在产品数量：

2019年		凭证		摘　要	成　本　项　目					
月	日	字	号		半成品	直接材料	直接人工	燃料及动力	制造费用	合计
5										

二、平行结转分步法成本计算

(一)企业基本情况

新华工厂是一个小型工业企业,设有三个基本生产车间和一个辅助生产车间。型铸锻造车间造型、熔炼浇铸成 569 铁铸件,由加工车间加工成 569 零部件,再由装配车间装配成 569 设备。后车间耗用的前一车间的半成品均为 1 件。各车间生产费用的分配均采用约当产量法。机修车间为基本生产和管理部门提供机修劳务,其费用均通过"辅助生产成本"账户核算,不设置"制造费用"账户,费用按提供的劳务量直接对外分配。本企业产品成本的计算采用平行结转分步法。成本会计:张新。

(二)本月资料

1. 该企业 2019 年 5 月 1 日有关账户月初余额如表 5-20 所示。

表 5-20

基本生产成本月初余额表

2019 年 5 月 1 日   单位:元

项 目	成 本 项 目			
车 间	直接材料	直接人工	制造费用	合 计
型铸锻造车间	3 913	1 765.1	1 800.5	7 478.6
加工车间	1 396	3 196.5	875.5	5 468
装配车间	1 952	3 122.5	2 052	7 126.5

制表:张新

"辅助生产成本""制造费用"账户月初余额均为零。

2. 2019 年 5 月产量统计表如表 5-21 所示。

表 5-21

产量统计表

2019 年 5 月 31 日   单位:件

项 目	月初在产品数量	本月投产量(或收入)	本月完工量(或发出)	月末在产品数量
型铸锻造车间	100	800	800	100
加工车间	150	800	700	250
装配车间	200	700	700	200

制表:张新

另外,在型铸锻造车间,当产品刚开始加工时投入 60% 的原材料,加工到 50% 时再投入剩下材料,月末在产品中,加工到 40% 的在产品有 60 件,加工到 70% 的在产品有 40 件,生产完的 569 铸件直接转入加工车间继续加工。在加工车间,当产品刚开始加工时投入 80% 的原材料,加工到 60% 时再投入剩下材料,月末在产品中都已加工到 50%,生产完的 569 零部件直接转入后车间继续加工。在装配车间,所需原材料在生产开始时投入,月末在产品中加工程度均为50%。

（三）2019年5月发生的与产品成本有关的经济业务见表5-22~表5-28所示。

表5-22

材料费用分配汇总表

2019年5月31日 单位：元

车间、部门		原料及主要材料	其他材料	合　计
基本生产车间生产产品	型铸锻造车间	196 000	54 000	250 000
	加工车间	51 000	29 000	80 000
	装配车间	11 600	3 400	15 000
基本生产车间组织管理	型铸锻造车间		51 170	51 170
	加工车间		15 250	15 250
	装配车间		16 505	16 505
机修车间			26 440	26 440
行政管理部门			1 256	1 256
合　计		313 276	142 345	455 621

制表：张新

表5-23

工资及福利费分配表

2019年5月31日 单位：元

车间、部门		工　资	其他职工薪酬	合　计
基本生产车间生产工人	型铸锻造车间	100 000	40 000	140 000
	加工车间	50 000	20 000	70 000
	装配车间	80 000	32 000	112 000
基本生产车间管理人员	型铸锻造车间	50 000	20 000	70 000
	加工车间	21 800	8 720	30 520
	装配车间	27 000	10 800	37 800
机修车间		44 000	17 600	61 600
行政管理部门		98 726	39 490.4	138 216.4
合　计		471 526	188 610.4	660 136.4

注：其他职工薪酬按工资的40%提取。

制表：张新

表 5-24

折旧费用分配表

2019 年 5 月 31 日　　　　　　　　　　　　　　　　单位：元

车间、部门		9 月固定资产折旧额	9 月增加固定资产折旧额	9 月减少固定资产折旧额	本月固定资产折旧额
基本生产车间	型铸锻造车间	6 110	350	490	5 970
	加工车间	3 250	250		3 500
	装配车间	3 120	280	200	3 200
机修车间		3 000	120		3 120
行政管理部门		3 623	466		4 089
合　计		19 103	1 466	690	19 879

制表：张新

表 5-25

水电费分配表

2019 年 5 月 31 日　　　　　　　　　　　　　　　　单位：元

车间、部门		水　费	电　费	金　额
基本生产车间	型铸锻造车间	987	873	1 860
	加工车间	765	473	1 238
	装配车间	733	484	1 217
机修车间		456	344	800
行政管理部门		698	597	1 295
合　计		3 639	2 771	6 410

制表：张新

表 5-26

待摊费用摊销计算表

2019 年 5 月 31 日　　　　　　　　　　　　　　　　单位：元

车间、部门		财产保险费	报纸杂志费	合　计
基本生产车间	型铸锻造车间	465	322	787
	加工车间	232	200	432
	装配车间	243	167	410
机修车间		136	126	262
行政管理部门		423	465	888
合　计		1 499	1 280	2 779

制表：张新

表 5 - 27

其他费用表

2019 年 5 月 31 日 单位：元

车间、部门		办公费	差旅费	其他费用	合　计
基本生产车间	型铸锻造车间	359	1 269	189	1 817
	加工车间	250	958	181	1 389
	装配车间	265	963	171.25	1 399.25
机修车间		392	850	300.5	1 542.5
行政管理部门		465	1 320	396	2 181
合　计		1 731	5 360	1 237.75	8 328.75

注：其他费用以银行存款支付，其结算凭证从略。 制表：张新

表 5 - 28

辅助生产车间提供的劳务量

2019 年 5 月 31 日 单位：件

车间、部门		数　量
基本生产车间	型铸锻造车间	962
	加工车间	450
	装配车间	463
行政管理部门		444
合　计		2 319

制表：张新

（三）采用平行结转分步法核算产品成本

具体包括填制记账凭证和登记有关明细账（本题以"产品成本计算单"代替"基本生产成本"明细账，产品成本计算单上应登记月初余额）。格式如下。

1. 根据材料费用分配汇总表（表 5 - 22），填制记账凭证（以会计分录表示），登记有关明细账。

2. 根据工资费用分配表（表 5 - 23），填制记账凭证（以会计分录表示），登记有关明细账。

3. 根据折旧费用分配表(表 5 - 24),填制记账凭证(以会计分录表示),登记有关明细账。

4. 根据水电费分配表(表 5 - 25),填制记账凭证(以会计分录表示),登记有关明细账。

5. 根据待摊费用摊销计算表(表 5 - 26),填制记账凭证(以会计分录表示),登记有关明细账。

6. 根据其他费用表(表 5 - 27),填制记账凭证(以会计分录表示),登记有关明细账。

7. 根据辅助生产费用分配表(表 5 - 30),填制记账凭证(以会计分录表示),登记有关明细账。

8. 结转型铸锻造车间制造费用,填制记账凭证(以会计分录表示),登记有关明细账。

9. 结转加工车间制造费用,填制记账凭证(以会计分录表示),登记有关明细账。

10. 结转装配车间制造费用,填制记账凭证(以会计分录表示),登记有关明细账。

11. 编制产品成本汇总计算表,结转完工入库产品成本,填制记账凭证(以会计分录表示),登记有关明细账。

表 5-29

辅助生产成本明细账

车间:机修车间

2019 年		凭证		摘　要	小计	材料费	人工费	折旧费	水电费	待摊费	其他
月	日	字	号								
5											

表 5-30

辅助生产费用分配表
2019 年 5 月 31 日

车间、部门		数　量	单　价	金　额
基本生产车间	型铸锻造车间	962		
	加工车间	450		
	装配车间	463		
行政管理部门		444		
合　计		2 319		

制表:张新

表 5 - 31

制造费用明细账

车间：型铸锻造车间

2019年		凭证		摘　要	小计	材料费	人工费	折旧费	水电费	待摊费	其他费用	修理费
月	日	字	号									
5												

表 5 - 32

制造费用明细账

车间：加工车间

2019年		凭证		摘　要	小计	材料费	人工费	折旧费	水电费	待摊费	其他费	修理费
月	日	字	号									
5												

表 5 - 33

制造费用明细账

车间：装配车间

2019年		凭证		摘　要	小计	机物料	人工费	折旧费	水电费	待摊费	办公费	修理费
月	日	字	号									
5												

表 5－34

型铸锻造车间产品成本计算单

产品名称：569 设备　　　　　　2019 年 5 月 31 日　　　　　　完工量：700 件

摘　　要	直接材料	直接人工	制造费用	合　　计
月初（广义）在产品成本				
本月发生生产费用				
合计				
最终产成品数量				
月末广义在产品约当量				
合计				
单位产成品成本份额				
700 件产成品成本份额				
月末（广义）在产品成本				

制表：

表 5－35

加工车间产品成本计算单

产品名称：569 设备　　　　　　2019 年 5 月 31 日　　　　　　完工量：700 件

摘　　要	直接材料	直接人工	制造费用	合　　计
月初广义在产品成本				
本月发生生产费用				
合计				
完工产品数量				
广义在产品约当产量				
合计				
单位产品成本份额				
700 件完工产品份额				
月末在产品成本				

制表：

表5-36

装配车间产品成本计算单

产品名称：569设备　　　　2019年5月31日　　　　完工量：700件

摘　要	直接材料	直接人工	制造费用	合　计
月初在产品成本				
本月发生生产费用				
合计				
完工产品产量				
月末在产品约当产量				
合计				
单位产品成本份额				
完工产品成本份额				
月末在产品成本				

制表：

表5-37

产品成本汇总计算表

产品名称：569设备　　　　2019年5月　　　　产量：700件

项　目	直接材料	直接人工	制造费用	合　计
型铸锻造车间				
加工车间				
装配车间				
总成本				
单位成本				

制表：

【第五单元参考答案】

【实训步骤1】采用综合结转分步法核算产品成本(不需进行成本还原)。具体包括填制记账凭证和登记有关明细账(注意："基本生产成本"明细账应登记月初余额,各明细账应进行月结)。格式如下。

1. 根据材料费用分配汇总表(表5-3),填制记账凭证(以会计分录表示),登记有关明细账。

会计分录：借：生产成本——基本生产成本——第一车间——直接材料　　38 978.00
　　　　　　　　　　　　　　　　　——第二车间——直接材料　　34 891.20
　　　　　　　　　　　　　　　　　——第三车间——直接材料　　82 950.00
　　　　　　制造费用——第一车间——机物料　　2 398.21
　　　　　　　　　　——第二车间——机物料　　5 235.51
　　　　　　　　　　——第三车间——机物料　　4 517.70
　　　　　　生产成本——辅助生产成本——供汽件——材料费用　　726.30
　　　　　　管理费用——材料费　　695.23
　　　　　　　贷：原材料　　　　　　　　　　　　170 392.15

2. 根据职工薪酬费用分配表(表 5-4),填制记账凭证(以会计分录表示),登记有关明细账。

  会计分录:借:生产成本——基本生产成本——第一车间——直接人工 16 562.00
             ——第二车间——直接人工 18 326.00
             ——第三车间——直接人工 20 036.10
      制造费用——第一车间——人工费 6 056.40
         ——第二车间——人工费 8 572.90
         ——第三车间——人工费 8 372.00
      生产成本——辅助生产成本——供汽车间——工资费用 3 241.00
      管理费用——人工费 7 964.60
      销售费用——人工费 3 770.20
       贷:应付职工薪酬——工资 66 358.00
          ——其他薪酬 26 543.20

3. 根据折旧费用分配表(表 5-5),填制记账凭证(以会计分录表示),登记有关明细账。

  会计分录:借:制造费用——第一车间——折旧费 2 370
         ——第二车间——折旧费 5 460
         ——第三车间——折旧费 4 856
      生产成本——辅助生产成本——供汽车间——折旧费 753
      管理费用——折旧费 1 869
      销售费用——折旧费 456
       贷:累计折旧 15 764

4. 根据水电费分配表(表 5-6),填制记账凭证(以会计分录表示),登记有关明细账。

  会计分录:借:制造费用——第一车间——水电费 3 000
         ——第二车间——水电费 3 416
         ——第三车间——水电费 3 004
      生产成本——辅助生产成本——供汽车间——水电费 1 404
      管理费用——水电费 680
      销售费用——水电费 652
       贷:应付账款——水电公司 12 156

5. 根据待摊费用摊销计算表(表 5-7),填制记账凭证(以会计分录表示),登记有关明细账。

  会计分录:借:制造费用——第一车间——保险费 468.0
            ——报刊费 404.4
         ——第二车间——保险费 659.0
            ——报刊费 369.0
         ——第三车间——保险费 566.0
            ——报刊费 421.0
      生产成本——辅助生产成本——供汽车间——保险费 135.0
               ——报刊费 106.0
      管理费用——保险和报刊费 1 962.0
      销售费用——保险和报刊费 652.0

　　　　　　贷：待摊费用——保险费　　　　　　　　　　　　　　　　3 016.0
　　　　　　　　　　——报刊费　　　　　　　　　　　　　　　　　2 726.4

6. 根据其他费用表(表5-8),填制记账凭证(以会计分录表示),登记有关明细账。

　　会计分录：借：制造费用——第一车间——办公费　　　　　　　　356.0
　　　　　　　　　　　　　　　　——差旅费　　　　　　　　　　886.0
　　　　　　　　　　　　　　　　——其他　　　　　　　　　　　193.0
　　　　　　　　　　　——第二车间——办公费　　　　　　　　463.0
　　　　　　　　　　　　　　　　——差旅费　　　　　　　　　　966.0
　　　　　　　　　　　　　　　　——其他　　　　　　　　　　　286.0
　　　　　　　　　　　——第三车间——办公费　　　　　　　　356.0
　　　　　　　　　　　　　　　　——差旅费　　　　　　　　　　886.0
　　　　　　　　　　　　　　　　——其他　　　　　　　　　　　193.0
　　　　　　　生产成本——辅助生产成本——供汽车间——其他　　　552.0
　　　　　　　管理费用——办公费、差旅费、其他费　　　　　　　　4 605.9
　　　　　　　销售费用——办公费、差旅费、其他费　　　　　　　　565.0
　　　　　　　　贷：银行存款　　　　　　　　　　　　　　　　　10 526.9

7. 根据辅助生产费用分配表(表5-11),填制记账凭证(以会计分录表示),登记有关明细账。

　　会计分录：借：基本生产成本——第一车间——燃料及动力　　　1 921.50
　　　　　　　　　　　　　——第二车间——燃料及动力　　　2 075.22
　　　　　　　　　　　　　——第三车间——燃料及动力　　　　922.32
　　　　　　　制造费用——第一车间——其他　　　　　　　　　614.88
　　　　　　　　　　　——第二车间——其他　　　　　　　　　691.74
　　　　　　　　　　　——第三车间——其他　　　　　　　　　230.58
　　　　　　　管理费用——燃料及动力　　　　　　　　　　　　307.44
　　　　　　　销售费用——燃料及动力　　　　　　　　　　　　153.62
　　　　　　　　贷：生产成本——辅助生产成本——供汽车间——材料费用　　726.30
　　　　　　　　　　　　　　　　　　　　　　——工资费用　　　3 241.00
　　　　　　　　　　　　　　　　　　　　　　——折旧费　　　　　753.00
　　　　　　　　　　　　　　　　　　　　　　——水电费　　　　1 404.00
　　　　　　　　　　　　　　　　　　　　　　——保险费　　　　　135.00
　　　　　　　　　　　　　　　　　　　　　　——报刊费　　　　　106.00
　　　　　　　　　　　　　　　　　　　　　　——其他　　　　　　552.00

8. 结转第一车间制造费用,填制记账凭证(以会计分录表示),登记有关明细账。

　　会计分录：借：生产成本——基本生产成本——第一车间——制造费用　　16 746.89
　　　　　　　　贷：制造费用——第一车间——机物料　　　　　　　2 398.21
　　　　　　　　　　　　　　　——人工费　　　　　　　　　　6 056.40
　　　　　　　　　　　　　　　——折旧费　　　　　　　　　　2 370.00
　　　　　　　　　　　　　　　——水电费　　　　　　　　　　3 000.00

——保险费		468.00
——报刊费		404.40
——差旅费		886.00
——办公费		356.00
——其他		970.88

9. 结转第一车间完工半成品成本,填制记账凭证(以会计分录表示),登记有关明细账。

会计分录:借:自制半成品——第一半成品库　　　　　　71 043.0

　　　　　　　　贷:生产成本——基本生产成本——第一车间——直接材料　36 842.4

　　　　　　　　　　　　　　　　　　　　——直接人工　16 088.8

　　　　　　　　　　　　　　　　　　　　——燃料及动力　1 856.4

　　　　　　　　　　　　　　　　　　　　——制造费用　16 255.4

10. 第二车间领用半成品继续加工。

会计分录:借:基本生产成本——第二车间——半成品　　　73 059

　　　　　　　　贷:自制半成品——第一半成品库　　　　　73 059

11. 结转第二车间制造费用,填制记账凭证(以会计分录表示),登记有关明细账。

会计分录:借:基本生产成本——第二车间——制造费用　　26 119.15

　　　　　　　　贷:制造费用——第二车间——机物料　　　5 235.51

　　　　　　　　　　　　　　　　——人工费　　8 572.90

　　　　　　　　　　　　　　　　——折旧费　　5 460.00

　　　　　　　　　　　　　　　　——水电费　　3 416.00

　　　　　　　　　　　　　　　　——保险费　　659.00

　　　　　　　　　　　　　　　　——报刊费　　369.00

　　　　　　　　　　　　　　　　——差旅费　　966.00

　　　　　　　　　　　　　　　　——办公费　　463.00

　　　　　　　　　　　　　　　　——其他　　286.00

12. 结转第二车间完工半产品成本,填制记账凭证(以会计分录表示),登记有关明细账。

会计分录:借:自制半成品——第二半成品库　　　　　　166 384.14

　　　　　　　　贷:基本生产成本——第二车间——半成品　　79 697.28

　　　　　　　　　　　　　　　　——直接材料　38 429.30

　　　　　　　　　　　　　　　　——直接人工　18 933.46

　　　　　　　　　　　　　　　　——燃料及动力　2 142.40

　　　　　　　　　　　　　　　　——制造费用　27 181.70

13. 第三车间领用半成品继续加工。

会计分录:借:基本生产成本——第三车间——制造费用　　170 225

　　　　　　　　贷:自制半成品——第二半成品库　　　　　170 225

14. 结转第三车间制造费用,填制记账凭证(以会计分录表示),登记有关明细账。

会计分录：借：基本生产成本——第三车间——制造费用　　　　　　23 621.28

贷：制造费用——第三车间——机物料　　　　4 517.7

——人工费　　　　　8 372.0

——折旧费　　　　　4 856.0

——水电费　　　　　3 004.0

——保险费　　　　　566.0

——报刊费　　　　　421.0

——差旅费　　　　　790.0

——办公费　　　　　435.0

——其他　　　　　　429.0

15. 结转第三车间完工产成品成本,填制记账凭证(以会计分录表示),登记有关明细账。

会计分录：借：库存商品——儿童用自行车　　　　　　299 795.2

贷：生产成本——基本生产成本——第三车间——半成品　　171 665.0

——直接材料　　83 400.0

——直接人工　　20 099.4

——燃料即动力　　917.4

——制造费用　　23 713.4

表 5-10

辅助生产成本明细账

车间：供汽车间

2019 年		凭证		摘　要	材料费用	工资费用	折旧费	水电费	保险费	报刊费	办公费	合　计
月	日	字	号									
5	31			材料费用	726.3							726.3
	31			人工费用		3 241						3 241
	31			折旧费			753					753
	31			水电费				1 404				1 404
	31			保险、报刊费					135	106		241
	31			办公费等							552	552
	31			合计	726.3	3 241	753	1 404	241	106	552	6 917.3
	31			分配转出	726.3	3 241	753	1 404	241	106	552	6 917.3

注：□表示框内数字为红字。

表 5-11

辅助生产费用分配表

2019 年 5 月 31 日

车间、部门		数 量	单 价	金 额
基本生产车间产品耗用	第一车间	25		1 921.5
	第二车间	27		2 075.22
	第三车间	12		922.32
基本生产车间管理耗用	第一车间	8		614.88
	第二车间	9		691.74
	第三车间	3		230.58
行政管理部门		4		307.44
销售部门		2		153.62
合 计		90	76.86	6 917.3

制表:张红

表 5-12

制造费用明细账

车间:第一车间

2019年		凭证		摘 要	材料费	人工费	折旧费	水电费	保险费	报刊费	差旅费	办公费	其他	合 计
月	日	字	号											
5	31			人工费		6 056.4								6 056.4
	31			折旧费			2 370							2 370
	31			水电费				3 000						3 000
	31			报刊、保险费					468	404.4				872.4
	31			办公费等							886	356	193	1 435
	31			辅助生产费用									614.88	614.88
	31			合计	2 398.21	6 056.4	2 370	3 000	468	404.4	886	356	807.88	16 746.89
	31			分配转出	2 398.21	6 056.4	2 370	3 000	468	404.4	886	356	807.88	16 746.89

注:▢表示框内数字为红字。

表 5-13

基本生产成本明细账

车间：第一车间　　　　　　　　　　　　　　　　　　　完工半成品数量：2 380
产品：架叉配件　　　　　　　　　　　　　　　　　　　月末在产品数量：240

2019年		凭证		摘　要	成 本 项 目					
月	日	字	号		半成品	直接材料	直接人工	燃料及动力	制造费用	合　计
5	1			月初在产品成本		1 579.6	338.8	34.4	324	2 276.8
	31			材料费用分配汇总表		38 978				38 978
	31			工资及福利费分配表			16 562			16 562
	31			辅助生产费用分配表				1 921.5		1 921.5
	31			制造费用分配表					16 746.89	16 746.89
	31			生产费用合计数		40 557.6	16 900.6	1 955.9	17 070.89	76 484.99
	31			约当总产量		2 620	2 500	2 500	2 500	
	31			单位成本		15.48	6.76	0.78	6.83	29.85
	31			转出完工半成品总成本		36 842.4	16 088.8	1 856.4	16 255.4	71 043
	31			月末在产品成本		3 715.2	811.8	99.5	815.49	5 441.99

注：□表示框内数字为红字。

表 5-14

自制半成品明细账

仓库：第一半成品库
产品：架叉配件

2019年	月初余额		本月增加		合　计			本月减少	
月份	数量（件）	总成本	数量（件）	总成本	数量（件）	总成本	单位成本	数量（件）	总成本（元）
5	130	3 795.8	2 380	71 043	2 510	74 838.8	29.82	2 450	73 059
5	60	1 779.8							

表 5-15

制造费用明细账

车间：第二车间　　　　　　　　　　　　　　　　　　　　　　　　　　　单位：元

2019年		凭证		摘　要	材料费	人工费	折旧费	水电费	保险费	报刊费	办公费	差旅费	其他	合　计
月	日	字	号											
5	31			材料费	5 235.51									5 235.51
	31			人工费		8 272.9								8 272.9
	31			折旧费			4 460							4 460

（续表）

2019年 月	日	凭证字号	摘要	材料费	人工费	折旧费	水电费	保险费	报刊费	办公费	差旅费	其他	合计
	31		水电费				3 416						3 416
	31		保险报刊费					659	369				1 028
	31		其他费用							463	966	286	1 715
	31		辅助生产费用									691.74	691.74
	31		合计	5 235.51	8 572.9	5 460	3 416	659	369	463	966	977.74	26 119.15
	31		分配转出	5 235.51	8 572.9	5 460	3 416	659	369	463	966	977.74	26 119.15

注：□表示框内数字为红字。

表 5-16

基本生产成本明细账

车间：第二车间　　　　　　　　　　　　　　完工半成品数量：2 678
产品：架叉配件　　　　　　　　　　　　　　月末在产品数量：84

2019年 月	日	凭证字号	摘要	成本项目 半成品	直接材料	直接人工	燃料及动力	制造费用	合计
5	1		月初在产品成本	9 126.26	2 128	907.8	111.95	1 480.5	13 754.51
	31		材料费用分配汇总表		34 891.2				34 891.2
	31		领用半成品成本	73 059					73 059
	31		工资及福利费分配表			18 326			18 326
	31		辅助生产费用分配表				2 075.22		2 075.22
	31		制造费用分配表					26 119.15	26 119.15
	31		生产费用合计数	82 185.26	39 019.2	19 233.8	2 187.17	27 599.65	170 225.08
	31		约当总产量	2 762	2 720	2 720	2 720	2 720	—
	31		单位成本	29.76	14.35	7.07	0.8	10.15	62.13
	31		转出完工半成品总成本	79 697.28	38 429.3	18 933.46	2 142.4	27 181.7	166 384.14
	31		月末在产品成本	2 487.98	589.9	300.34	44.77	417.95	3 840.94

注：□表示框内数字为红字。

表 5-17

自制半成品明细账

仓库：第二半成品库

产品：已烤漆的架叉配件

2019 年	月初余额		本月增加		合　计			本月减少	
月份	数量（件）	总成本	数量（件）	总成本	数量（件）	总成本	单位成本	数量（件）	总成本（元）
5	124	7 066.28	2 678	166 384.14	2 802	173 450.42	61.9	2 750	170 225
5	52	3 225.42							

表 5-18

制造费用明细账

车间：第三车间　　　　　　　　　　　　　　　　　　　　　　　　　单位：元

2019 年		凭证		摘　要	机物料	人工费	折旧费	水电费	保险费	报刊费	办公费	差旅费	其他	合　计
月	日	字	号											
5	31			材料费	4 517.7									4 517.7
	31			人工费		8 372								8 372
	31			折旧费			4 856							4 856
	31			水电费				3 004						3 004
	31			保险、报刊费					566	421				987
	31			其他费用							435	790	429	1 654
	31			辅助生产费用									230.58	
	31			合计	4 517.7	8 372	4 856	3 004	566	421	435	790	659.58	23 621.28
	31			分配转出	[4 517.7]	[8 372]	[4 856]	[3 004]	[566]	[421]	[435]	[790]	[659.58]	[23 621.28]

注：□表示框内数字为红字。

表 5-19

基本生产成本明细账

车间：第三车间　　　　　　　　　　　　　　　　　完工产品数量：2 780

产品：儿童自行车　　　　　　　　　　　　　　　　月末在产品数量：54

2019 年		凭证		摘　要	成　本　项　目					
月	日	字	号		半成品	外购件	直接人工	燃料及动力	制造费用	合　计
5	1			月初在产品成本	4 774.38	1 260	246.19	12.7	335.16	6 628.43
	31			材料费用分配汇总表		82 950				82 950
	31			领用半成品成本	170 225					170 225
	31			工资及福利费分配表			20 036.1			20 036.1
	31			辅助生产费用分配表				922.32		922.32
	31			制造费用分配表					23 621.28	23 621.28
	31			生产费用合计数	174 999.38	84 210	20 282.29	935.02	23 956.44	304 383.13

（续表）

2019年		凭证		摘 要	成 本 项 目					
月	日	字	号		半成品	外购件	直接人工	燃料及动力	制造费用	合 计
	31			约当总产量	2 834	2 807	2 807	2 807	2 807	
	31			单位成本	61.75	30	7.23	0.33	8.53	107.84
	31			转出完工产品总成本	171 665	83 400	20 099.4	917.4	23 713.4	299 795.2
	31			月末在产品成本	3 334.38	810	182.89	17.62	243.03	4 587.93

注：□表示框内数字为红字。

二、平行结转分步法成本计算

【实训步骤1】采用平行结转分步法核算产品成本。具体包括填制记账凭证和登记有关明细账(本题以"产品成本计算单"代替"基本生产成本"明细账,产品成本计算单上应登记月初余额)。格式如下。

1. 根据材料费用分配汇总表(表5-22),填制记账凭证(以会计分录表示),登记有关明细账。

会计分录：

借：生产成本——基本生产成本——型铸锻造车间——直接材料　　　　250 000
　　　　　　　　　　　　　——加工车间——直接材料　　　　80 000
　　　　　　　　　　　　　——装配车间——直接材料　　　　15 000
　　制造费用——型铸锻造车间——材料费　　　　51 170
　　　　　　——加工车间——材料费　　　　15 250
　　　　　　——装配车间——材料费　　　　16 505
　　生产成本——辅助生产成本——机修车间——材料费　　　　26 440
　　管理费用——材料费　　　　1 256
　　贷：原材料——原料及主要材料　　　　313 276
　　　　　　——其他材料　　　　142 345

2. 根据工资费用分配表(表5-23),填制记账凭证(以会计分录表示),登记有关明细账。

会计分录：

借：生产成本——基本生产成本——型铸锻造车间——直接人工　　　　140 000.0
　　　　　　　　　　　　　——加工车间——直接人工　　　　70 000.0
　　　　　　　　　　　　　——装配车间——直接人工　　　　112 000.0
　　制造费用——型铸锻造车间——人工费　　　　70 000.0
　　　　　　——加工车间——人工费　　　　30 520.0
　　　　　　——装配车间——人工费　　　　37 800.0
　　生产成本——辅助生产成本——机修车间——人工费　　　　61 600.0
　　管理费用——人工费　　　　138 216.4
　　贷：应付职工薪酬——工资　　　　471 526.0
　　　　　　——其他职工薪酬　　　　188 610.4

3. 根据折旧费用分配表(表 5 - 24),填制记账凭证(以会计分录表示),登记有关明细账。

会计分录:

借:制造费用——型铸锻造车间——折旧费 5 970
　　　　　　——加工车间——折旧费 3 500
　　　　　　——装配车间——折旧费 3 200
　　生产成本——辅助生产成本——机修车间——折旧费 3 120
　　管理费用——折旧费 4 089
　　　贷:累计折旧 19 879

4. 根据水电费分配表(表 5 - 25),填制记账凭证(以会计分录表示),登记有关明细账。

会计分录:

借:制造费用——型铸锻造车间——水电费 1 680
　　　　　　——加工车间——水电费 1 238
　　　　　　——装配车间——水电费 1 217
　　生产成本——辅助生产成本——机修车间——水电费 800
　　管理费用——水电费 1 295
　　　贷:应付账款——水电公司 6 410

5. 根据待摊费用摊销计算表(表 5 - 26),填制记账凭证(以会计分录表示),登记有关明细账。

会计分录:

借:制造费用——型铸锻造车间——待摊费 787
　　　　　　——加工车间——待摊费 432
　　　　　　——装配车间——待摊费 410
　　生产成本——辅助生产成本——机修车间——待摊费 262
　　管理费用——财产保险、报纸杂志费 888
　　　贷:待摊费用——财产保险费 1 499
　　　　　　　——报纸杂志费 1 280

6. 根据其他费用表(表 5 - 27),填制记账凭证(以会计分录表示),登记有关明细账。

会计分录:

借:制造费用——型铸锻造车间——其他费 1 817.00
　　　　　　——加工车间——其他费 1 389.00
　　　　　　——装配车间——其他费 1 399.25
　　生产成本——辅助生产成本——机修车间——其他费 1 542.50
　　管理费用——其他费 2 181.00
　　　贷:银行存款 8 328.75

7. 根据辅助生产费用分配表(表 5 - 30),填制记账凭证(以会计分录表示),登记有关明细账。

会计分录:

借:制造费用——型铸锻造车间——修理费 38 864.8
　　　　　　——加工车间——修理费 18 180.0
　　　　　　——装配车间——修理费 18 705.2
　　管理费用——修理费 18 014.5

> 贷：生产成本——辅助生产成本——机修车间——材料费 26 440.0
> ——人工费 61 600.0
> ——折旧费 3 120.0
> ——水电费 800.0
> ——待摊费 262.0
> ——其他 1 542.5

8. 结转型铸锻造车间制造费用，填制记账凭证（以会计分录表示），登记有关明细账。

会计分录：

> 借：生产成本——基本生产成本——型铸锻造车间——制造费用 169 788.8
> 贷：制造费用——型铸锻造车间——材料费 51 170.0
> ——人工费 70 000.0
> ——折旧费 5 970.0
> ——水电费 1 680.0
> ——待摊费 787.0
> ——其他费 1 817.0
> ——修理费 38 864.8

9. 结转加工车间制造费用，填制记账凭证（以会计分录表示），登记有关明细账。

会计分录：

> 借：生产成本——基本生产成本——加工车间 70 509
> 贷：制造费用——加工车间——材料费 15 250
> ——人工费 30 520
> ——折旧费 3 500
> ——水电费 1 238
> ——待摊费 432
> ——其他费 1 389
> ——修理费 18 180

10. 结转装配车间制造费用，填制记账凭证（以会计分录表示），登记有关明细账。

会计分录：

> 借：生产成本——基本生产成本——装配车间——制造费用 79 236.45
> 贷：制造费用——装配车间——材料费 16 505.00
> ——人工费 37 800.00
> ——折旧费 3 200.00
> ——水电费 1 217.00
> ——待摊费 410.00
> ——其他费 1 399.25
> ——修理费 18 705.20

11. 编制产品成本汇总计算表，结转完工入库产品成本，填制记账凭证（以会计分录表示），登记有关明细账。

会计分录：

借：库存商品——569 设备　　　　　　　　　　　　　　　　　　　662 991
　　贷：生产成本——基本生产成本——型铸锻造车间——直接材料　144 970
　　　　　　　　　　　　　　　　　　　　　　　——直接人工　82 558
　　　　　　　　　　　　　　　　　　　　　　　——制造费用　99 925
　　　　　　　　　　　　　　　——加工车间——直接材料　　　51 800
　　　　　　　　　　　　　　　　　　　　　——直接人工　　　49 980
　　　　　　　　　　　　　　　　　　　　　——制造费用　　　48 748
　　　　　　　　　　　　　　　——装配车间——直接材料　　　13 160
　　　　　　　　　　　　　　　　　　　　　——直接人工　　　100 730
　　　　　　　　　　　　　　　　　　　　　——制造费用　　　71 120

表 5 - 29

辅助生产成本明细账

车间：机修车间

2019 年		凭证		摘　要	小　计	材料费	人工费	折旧费	水电费	待摊费	其　他
月	日	字	号								
5	31			材料费	26 440	26 440					
	31			职工薪酬	61 600		61 600				
	31			折旧费	3 210			3 210			
	31			待摊费	262					262	
	31			水电费	800				800		
	31			办公费、差旅费等	1 542.5						1 542.5
	31			合 计	93 764.5	26 440	61 600	3 210	800	262	1 542.5
	31			分配转出	93 764.5	26 440	61 600	3 210	800	262	1 542.5

注：□表示框内数字为红字。

表 5 - 30

辅助生产费用分配表

2019 年 5 月 31 日　　　　　　　　　　　　　　　　　　　　单位：元

车间、部门		数　量	单　价	金　额
基本生产车间	型铸锻造车间	962		38 864.8
	加工车间	450	40.4	18 180
	装配车间	463		18 705.2
行政管理部门		444		18 014.5
合　计		2 319		93 764.5

制表：张新

表 5-31

制造费用明细账

车间：型铸锻造车间

2019年		凭证		摘 要	小 计	材料费	人工费	折旧费	水电费	待摊费	其他费用	修理费
月	日	字	号									
5	31			材料费	51 170	51 170						
	31			职工薪酬	70 000		70 000					
	31			计提折旧	5 970			5 970				
	31			发生水电费	1 680				1 680			
	31			待摊费用摊销	787					787		
	31			办公费等	1 817						1 817	
	31			分配修理费	38 864.8							38 864.8
	31			合计	169 788.8	51 170	70 000	5 970	1 680	787	1 817	38 864.8
	31			分配转出	169 788.8	51 170	70 000	5 970	1 680	787	1 817	38 864.8

注：□表示框内数字为红字。

表 5-32

制造费用明细账

车间：加工车间

2019年		凭证		摘 要	小 计	材料费	人工费	折旧费	水电费	待摊费	其他费用	修理费
月	日	字	号									
5	31			材料分配	152 520	152 520						
	31			职工薪酬	30 520		30 520					
	31			计提折旧	3 500			3 500				
	31			发生水电费	1 238				1 238			
	31			摊销待摊费	432					432		
	31			发生办公费等	1 389						1 389	
	31			修理费	18 180							18 180
	31			合计	70 509	152 520	30 520	3 500	1 238	432	1 389	18 180
	31			分配转出	70 509	152 520	30 520	3 500	1 238	432	1 389	18 180

注：□表示框内数字为红字。

表 5-33

制造费用明细账

车间：装配车间

2019年 月	日	凭证 字	号	摘　要	小　计	机物料	人工费	折旧费	水电费	待摊费	办公费	修理费
5	31			材料费	16 505	16 505						
	31			职工薪酬	37 800		37 800					
	31			计提折旧	3 200			3 200				
	31			水电费	1 217				1 217			
	31			待摊费	410					410		
	31			办公费等	1 399.25						1 399.25	
	31			修理费	18 705.2							18 705.2
	31			合计	79 236.45	16 505	37 800	3 200	1 217	410	1 399.25	18 705.2
	31			分配结转	79 236.45	16 505	37 800	3 200	1 217	410	1 399.25	18 705.2

注：□表示框内数字为红字。

表 5-34

型铸锻造车间产品成本计算单

产品名称：569 设备　　　　2019 年 5 月 31 日

完工量：700　件　　　　　　　　　　　单位：元

摘　　要	直接材料	直接人工	制造费用	合　计
月初（广义）在产品成本	3 913	1 765.1	1 800.5	7 478.6
本月发生生产费用	250 000	140 000	169 788.8	559 788.8
合计	253 913	141 765.1	171 589.3	567 267.4
最终产成品数量	700	700	700	
月末广义在产品约当量	526	526	526	
合计	1 226	1 202	1 202	
单位产成品成本份额	207.1	117.94	142.75	
700 件产成品成本份额	144 970	82 558	99 925	327 453
月末（广义）在产品成本	108 943	59 207.1	71 664.3	239 814.4

制表：张新

表 5 - 35

加工车间产品成本计算单

产品名称：569 设备　　　　2019 年 5 月 31 日　　　　完工量：700 件　　　　单位：元

摘　要	直接材料	直接人工	制造费用	合　计
月初广义在产品成本	1 396	3 196.5	875.5	5 468
本月发生生产费用	80 000	70 000	70 509	220 509
合计	81 396	73 196.5	71 384.5	225 977
完工产品数量	700	700	700	
广义在产品约当产量	400	325	325	
合计	1 100	1 025	1 025	
单位产品成本份额	74	71.4	69.64	
700 件完工产品份额	51 800	49 980	48 748	150 528
月末在产品成本	29 596	23 216.5	22 636.5	75 449

制表：张新

表 5 - 36

装配车间产品成本计算单

产品名称：569 设备　　　　2019 年 5 月 31 日

完工量：700 件　　　　　　　　　　　　　　　　　　单位：元

摘　要	直接材料	直接人工	制造费用	合　计
月初在产品成本	1 952	3 122.5	2 052	7 126.5
本月发生生产费用	15 000	112 000	79 236.45	206 236.45
合计	16 952	115 122.5	81 288.45	213 362.95
完工产品产量	700	700	700	
月末在产品约当产量	200	100	100	
合计	900	800	800	
单位产品成本份额	18.8	143.9	101.6	
完工产品成本份额	13 160	100 730	71 120	185 010
月末在产品成本	3 792	14 392.5	10 168.45	28 352.95

制表：张新

表 5 - 37

产品成本汇总计算表

产品名称：569 设备　　　2019 年 5 月 31 日　　　　　产量：700　件　　　　　单位：元

项　　目	直接材料	直接人工	制造费用	合　计
型铸锻造车间	144 970	82 558	99 925	237 453
加工车间	51 800	49 980	48 748	150 528
装配车间	13 160	100 730	71 120	185 010
总成本	209 930	233 268	219 793	662 991
单位成本	299.9	333.24	313.99	947.13

制表：张新

其他成本计算方法的综合应用

一、分类法的计算

(一)企业基本情况

济南轻骑摩托车股份有限公司是一家专门生产民用摩托车的大型上市公司,该公司的其中一个分厂设有四个基本生产车间,分别为压铸、烤漆、焊接和总装车间,设有供电、机修两个辅助生产车间,产品成本的核算采用平行结转分步法进行核算,由于所生产的摩托车品种规格繁多,为简化成本核算工作,将本厂近两百多种摩托车按其款式和发动机的不同划分为跨骑 QM 系列、运动休闲系列、踏板系列、弯梁系列等几大类进行归集和分配产品成本,到月末再将每类产品的总成本在类内各种产品中采用分类法(系数分配法)进行分配,系数的确定采用公司统一制订的综合指标进行计算。本例仅选取跨骑 QM 系列数据进行核算。成本会计:张济

(二)2019 年 9 月有关产品产量及成本费用资料

1. 本月已按分步法结转计算出完工跨骑 QM 太子系列产品的总成本,有关成本资料如表 6-1 所示。

表 6-1

产品成本计算单

产品:跨骑 QM 系列　　　　　　　2019 年 9 月 30 日　　　　　　　单位:元

项　　目	直接材料	直接人工	制造费用	合　　计
月初在产品成本	35 600	4 900	4 636	45 136
本月生产费用	354 500	26 300	23 162	403 962
生产费用合计	390 100	31 200	27 798	449 098
完工产品总成本	338 800	25 200	22 288	386 288
月末在产品成本	51 300	6 000	5 510	62 810

制表:张济

2. 2019 年 9 月生产的各种跨骑摩托车产量及公司统一制订的确定系数的综合指标如表 6-2 所示。

表 6 - 2

跨骑系列产品产量及系数指标

2019 年 9 月 30 日

产　品　名　称	产品实际产量	综合指标	系　数
QM125 - 2T 超级雷豹	24	108	1.08
QM125 - 10E 英将	12	120	1.2
QM125 - 10B 轻骑王	15	100	1
QM125 - 7A 金帅	4	98	0.98
QM125 - 2B 讯豹	13	113	1.13
QM125 - 2A 福帅	8	121	1.21
QM125 - 2G 骏豹	7	112	1.12
QM125 - 10K 讯豹	6	130	1.3
合计	89		

制表:张济

3. 要求:按上述综合指标确定各种产品的总系数,分配各种产品成本,编制跨骑系列产品 2019 年 9 月各种产品成本计算单。

二、成本计算方法的综合运用

（一）企业基本情况

江南针织厂生产的针织衫包括五种不同的产品,分别是男式开衫、男式 V 领、女式开衫、女式高领和女式 V 领,五种产品消耗的原材料和产品的生产工艺过程相同,因而归为一类针织衫类产品,采用品种法和分类法相结合计算产品成本。2019 年 8 月有关成本计算资料如下。成本会计:张江。

1. 各种产品产量和定额资料如表 6 - 3 所示。

表 6 - 3

针织衫类产品系数计算表

2019 年 8 月 31 日

产　品	实际产量	材料消耗定额	材料系数	材料总系数	工时消耗定额	工时系数	工时总系数
男式开衫	200	15			9.6		
男式 V 领	240	12			8.8		
女式开衫	480	10			8.0		
女式高领	360	9			7.6		
女式 V 领	300	8			7.2		
合　计	—	—			—		

制表:张江

2. 月初在产品成本和本月生产费用见表 6-4 所示。

表 6-4

成本计算表

产品：针织衫类产品　　　　　　　　　年 月 日　　　　　　　　　单位：元

摘　要	直接材料	直接人工	制造费用	合　计
月初在产品成本	20 000	30 000	18 800	68 800
本月生产费用	146 880	383 040	255 360	785 280
生产费用合计				
完工产品成本				
月末在产品成本				

制表：

（二）实训要求

1. 采用固定在产品成本法计算饼干类产品月末在产品成本和本月完工产品成本，并填入饼干类产品成本计算表表 6-4 中。

2. 计算各种产品系数和本月总系数，并记入系数计算表表 6-3 中。

3. 采用系数分配法计算类内各种产品的成本，记入针织衫类各种产品成本计算表 6-5 中。

表 6-5

针织衫类各种产品成本计算表

产品：针织衫类产品　　　　　　　　　年 月　　　　　　　　　单位：元

产　品	实际产量	总 系 数		总 成 本				单位成本
		直接材料	加工费用	直接材料	直接人工	制造费用	成本合计	
分配率								
男式开衫	200							
男式 V 领	240							
女式开衫	480							
女式高领	360							
女式 V 领	300							
合　计	—							

【第六单元参考答案】

产品成本计算单

产品:跨骑系列　　　　2019 年 9 月 30 日　　　　单位:元

产品名称	系数	总系数	直接材料	直接人工	制造费用	合　计
分配率			3 413.602 0	253.904 3	224.564 2	
QM125 - 2T 超级雷豹	1.08	25.92	88 480.56	6 581.20	5 820.70	100 882.46
QM125 - 10E 英将	1.2	14.4	49 155.87	3 656.22	3 233.72	56 045.82
QM125 - 10B 轻骑王	1	15	51 204.03	3 808.56	3 368.46	58 381.06
QM125 - 7A 金帅	0.98	3.92	13 381.32	995.30	880.29	15 256.92
QM125 - 2B 讯豹	1.13	14.69	50 145.81	3 729.85	3 298.85	57 174.51
QM125 - 2A 福帅	1.21	9.68	33 043.67	2 457.79	2 173.78	37 675.24
QM125 - 2G 骏豹	1.12	7.84	26 762.64	1 990.61	1 760.58	30 513.83
QM125 - 10K 讯豹	1.3	7.8	26 626.10	1 980.45	1 751.60	30 358.16
合计			338 800	25 200	22 288	386 288

注:最后一行为倒挤数据。　　　　　　　　　　　　制表:张济

会计分录:

借:库存商品——QM125 - 2T 超级雷豹　　　　100 882.46
　　　　　——QM125 - 10E 英将　　　　56 045.82
　　　　　——QM125 - 10B 轻骑王　　　　58 381.06
　　　　　——QM125 - 7A 金帅　　　　15 256.92
　　　　　——QM125 - 2B 讯豹　　　　57 174.51
　　　　　——QM125 - 2A 福帅　　　　37 675.24
　　　　　——QM125 - 2G 骏豹　　　　30 513.83
　　　　　——QM125 - 10K 讯豹　　　　30 358.16
　　贷:生产成本——基本生产成本——总装车间(跨骑系列)——直接材料　　338 800
　　　　　　　　　　　　　　　　——直接人工　　25 200
　　　　　　　　　　　　　　　　——制造费用　　22 288

1. 采用固定在产品成本法计算针织衫类产品月末在产品成本和本月完工产品成本,

并填入针织衫类产品成本计算表6-4中。

表中针织衫类产品月末在产品成本采用固定在产品成本法计算,一般固定在月初成本。

表6-4

成本计算表

产品:针织衫类产品　　　　　　　2019年8月31日　　　　　　　　单位:元

摘　　要	直接材料	直接人工	制造费用	合　　计
月初在产品成本	20 000	30 000	18 800	68 800
本月生产费用	146 880	383 040	255 360	785 280
生产费用合计	166 880	413 040	274 160	854 080
完工产品成本	146 880	383 040	255 360	785 280
月末在产品成本	20 000	30 000	18 800	68 800

制表:张江

2. 确定女式开衫产品作为标准产品,根据材料消耗定额和工时定额计算各产品系数和本月总系数,填入表6-3针织衫类产品系数计算表中。

表6-3

系数计算表

产品:针织衫类　　　　　　　2019年8月31日

产　品	实际产量	材料消耗定额	材料系数	材料总系数	工时消耗定额	工时系数	工时总系数
男式开衫	200	15	1.5	300	9.6	1.2	240
男式V领	240	12	1.2	288	8.8	1.1	264
女式开衫	480	10	1.0	480	8.0	1.0	480
女式高领	360	9	0.9	324	7.6	0.95	342
女式V领	300	8	0.8	240	7.2	0.9	270
合计	—	—	—	1 632	—	—	1 596

制表:张江

3. 采用系数分配法计算针织衫类内各种产品成本,记入产品成本计算表6-5中。

直接材料分配率=146 880÷1 632=90

直接人工分配率=383 040÷1 596=240

制造费用分配率=255 360÷1 596=160

表 6-5

产品成本计算表

产品：针织衫类产品　　　　　　　2019 年 8 月 31 日　　　　　　　单位：元

产　品	实际产量	总　系　数		总　成　本				单位成本
		直接材料	加工费用	直接材料	直接人工	制造费用	成本合计	
分配率	—	—	—	90	240	160	—	—
男式开衫	200	300	240	27 000	57 600	38 400	123 000	615
男式 V 领	240	288	264	25 920	63 360	42 240	131 520	548
女式开衫	480	480	480	43 200	115 200	76 800	235 200	490
女式高领	360	324	342	29 160	82 080	54 720	165 960	490
女式 V 领	300	240	270	21 600	64 800	43 200	129 600	461
合　计	—	1 632	1 596	146 880	383 040	255 360	785 280	432

制表：张江

成本报表的编制与分析

一、商品产品成本报表的编制与分析

(一)企业资料

北方机械厂是一家专门生产机床的企业,设有两个基本生产车间。一车间生产车床,二车间生产钻床、铣床两种产品。其中车床、钻床为可比产品,铣床为不可比产品。成本会计:张北。

1. 北方机械厂 2018 年 12 月份有关成本资料如表 7-1 所示。

表 7-1

商品产品生产资料

2018 年 12 月 金额单位:元

	可比产品(车床)	可比产品(钻床)	不可比产品(铣床)
单位生产成本(元)			
上年实际成本	600	420	
本月实际	555	414	276
本年累计实际平均	573	417	273
本年计划	580	400	270
生产量(件)			
本月实际	90	105	60
本年累计实际	765	960	630
本年计划	720	890	650
销售量(件)			
本月实际	75	105	60
本年累计实际	780	870	48
年初结存数量(件)	120	90	135

制表:张北

(1)可比产品本年计划降低额 32 200 元。

(2)可比产品本年计划降低率 4%。

（3）按现行价格计算的商品产值为 1 698 450 元。

（4）本年计划的产值率为 56 元/百元。

2. 全部商品产品成本项目构成资料如表 7 - 2 所示。

表 7 - 2

全部商品产品成本项目构成资料

单位：北方机械厂　　　　　　　　　2018 年度　　　　　　　　　单位：元

成本项目	全部商品产品成本	
	计　划	实　际
直接材料	598 680	655 885
直接人工	249 450	219 560
制造费用	149 670	135 210
生产成本	997 800	1 010 655

制表：张北

（二）要求

1. 根据上述资料，编制北方机械厂 2018 年 12 月份商品产品成本表，如 7 - 3 所示。

表 7 - 3

商品产品成本表

编制单位：　　　　　　　　　　　年　月　　　　　　　　　金额单位：元

产品名称	实际产量(件)		单位成本				本月总成本			本年累计总成本		
	本月	本年累计	上年实际平均	本年计划	本月实际	本年累计实际平均	按上年实际平均单位成本计算	按本年计划单位成本	本月实际	按上年实际平均单位成本计算	按本年计划单位成本计算	本年实际
	(1)	(2)	(3)	(4)	(5)=(9)÷(1)	(6)=(12)÷(2)	(7)=(1)×(3)	(8)=(1)×(4)	(9)	(10)=(2)×(3)	(11)=(2)×(4)	(12)
可比产品合计 1. 车床 2. 钻床 不可比产品合计 铣床												
全部商品产品成本												

制表：

补充资料：（本年累计实际成本）

（1）可比产品成本降低额为：　　　　　　　（本年计划降低额　　　）；

（2）可比产品成本降低率为：　　　　　　　（本年计划降低率　　　）；

（3）按现行价格计算的商品值　　　元；

（4）产值成本率　　　元/百元（本年计划为　　　元/百元）。

2. 分析该厂全部商品产品生产成本计划完成情况，填制表 7-4、表 7-5。

3. 分析该厂可比产品成本降低任务完成情况，填制表 7-6、表 7-7。

表 7-4

全部商品产品成本计划完成情况（按产品类别）

编制单位：　　　　　　　　　　　　　年度　　　　　　　　　　金额单位：元

产品名称	产量（件）		单位成本			总成本			降低指标	
	计划	实际	上年	计划	实际	按上年计算	按计划计算	按实际计算	成本降低额	成本降低率
可比产品 车床 钻床										
不可比产品 铣床										
全部商品产品										

制表：

表 7-5

全部商品成本计划完成情况表（按成本项目类别）

编制单位：　　　　　　　　　　　　　年度　　　　　　　　　　金额单位：元

成本项目	全部商品产品成本		降低指标	
	计 划	实 际	成本降低额	成本降低率
直接材料 直接人工 制造费用				
生产成本				

制表：

表 7-6

可比产品成本降低任务完成分析表（一）

编制单位：　　　　　　　　　　　　　年度　　　　　　　　　　金额单位：元

可比产品名称	计划产量	单位成本		总成本		计划成本降低任务	
		上年	计划	上年	计划	成本降低额	成本降低率
车床							
钻床							
合计							

制表：

表 7 - 7

可比产品成本降低任务完成分析表(二)

编制单位：　　　　　　　　　　年度　　　　　　　　　金额单位：元

可比产品名称	实际产量	单位成本			总成本			降低情况	
		上年	计划	实际	上年	计划	实际	降低额	降低率
车床									
钻床									
合计									

制表：

二、主要产品单位成本报表的编制与分析

(一)企业资料

1. 银河家电公司生产的 XPB55 - 3S 型洗衣机,2018 年 12 月有关资料如表 7 - 7 和表 7 - 8 所示。成本会计:张银

表 7 - 7

XPB55 - 3S 型洗衣机成本资料

2018 年 12 月　　　　　　　　　　　　　金额单位：元

单位生产成本(元)	直接材料	直接工资	制造费用	合　计
历史先进水平	279	135	114	528
上年实际平均	315	156	129	600
本年计划	300	150	130	580
本月实际	285	147	123	555
本年累计实际平均	294	153	126	573

制表：

表 7 - 8

XPB55 - 3S 型洗衣机其他资料

2018 年

项　目	单位	上年实际	本月实际	本年实际
单位产品售价	元	900		930
单位产品税金	元	120		123
产品计划销售量	件	765		770
产品实际销售量	件	750		780
产品产量	件		90	
产品累计产量	件			765

制表:张银

2. 银河家电公司 XPB55 - 3S 型洗衣机单耗资料,如表 7 - 9 所示。

表 7 - 9

XPB55 - 3S 型洗衣机单耗资料

2018 年度　　　　　　　　　　　　　　　　金额单位:元

成 本 项 目	本年实际	本年计划
直接材料		
消耗量(千克)	12.50	12.50
单价(元/千克)	23.52	24.00
直接工资		
生产工时(小时)	50	50
小时薪酬(元/小时)	3.06	3.00
制造费用		
生产工时(小时)	50	50
小时费用(元/小时)	2.52	2.60

制表:张银

(二)要求

1. 根据以上相关资料,编制银河家电公司 XPB55 - 3S 型洗衣机的主要产品单位成本表,如表 7 - 10 所示。

表 7 - 10

主要产品单位成本表

编制单位:　　　　　　　　　　年　月　　　　　　　　金额单位:元

产品名称		本月实际产量			
规　格		本年累计实际产量			
计量单位		销售单价			
成本项目	行次	历史先进水平	上年实际平均	本年计划	本月实际	本年累计实际平均
		(1)	(2)	(3)	(4)	(5)
直接材料 直接工资 制造费用						
产品生产成本						

制表:

2. 根据以上相关资料,对银河家电公司的 XPB55－3S 型洗衣机进行单位成本计划完成情况和单位成本项目变动情况进行分析,编制有关的分析表,如表 7－11～表 7－14 所示,并作简要的评价。

表 7－11

XPB55－3S 型洗衣机单位成本分析表

编制单位:　　　　　　　　　　　年度　　　　　　　　　金额单位:元

项　　目	计划成本	实际成本	实际较计划降低情况		各项目降低对单位成本的影响(%)
			降低额	降低率(%)	
直接材料 直接人工 制造费用					
合　　计					

制表:

表 7－12

XPB55－3S 型洗衣机单位材料成本对比表

编制单位:　　　　　　　　　　　年度　　　　　　　　　金额单位:元

计　　划			实　　际			差　　异		
单耗 (千克)	材料 单价	材料 成本	单耗	材料 单价	材料 成本	单耗	材料 单价	材料 成本

制表:

表 7－13

XPB55－3S 型洗衣机单位人工费用对比表

编制单位:　　　　　　　　　　　年度　　　　　　　　　金额单位:元

项　　目	计　　划	实　　际	差　　异
单位产品工时 小时薪酬率 单位产品工资成本			

制表:

表 7 - 14

XPB55 - 3S 型洗衣机单位制造费用对比表

编制单位：　　　　　　　　　年度　　　　　　　　　金额单位：元

项 目	计 划	实 际	差 异
单位产品工时 小时制造费用 单位制造费用			

制表：

三、制造费用明细表编制与分析

（一）企业资料

星辉实业有限公司 2018 年 12 月生产车间制造费用有关资料如表 7 - 15 所示。成本会计：张星。

表 7 - 15

制造费用明细资料

2018 年 12 月　　　　　　　　　　　　　　　　　金额单位：元

项 目	12 月份资料			1～11 月份 实际累计
	上年同期实际	本月计划	本月实际	
职工薪酬	2 655	2 712	2 769	30 280
办公费	700	800	800	9 200
折旧费	3 000	3 300	3 350	36 860
维修费	1 040	1 160	1 180	12 440
运输费	1 380	1 500	1 300	15 700
租赁费	450	600	650	7 400
保险费	700	800	820	9 120
水电费	400	500	500	5 460
劳动保护费	300	400	430	4 880
机物料消耗	180	210	220	2 470
其 他	127	153	170	1 400
合 计	10 932	12 135	12 189	135 210

制表：张星

（二）要求

编制星辉实业有限公司 2019 年 12 月份制造费用明细表，如表 7 - 16 所示，并作简要分析。

表 7-16

制造费用明细表

编制单位　　　　　　　　　　　　　年　月　　　　　　　　　　　金额单位：元

费用项目	行　次	本月计划	上年同期实际	本月实际	本年累计实际
职工薪酬	1				
办公费	2				
折旧费	3				
维修费	4				
运输费	5				
租赁费	6				
保险费	7				
水电费	8				
劳动保护费	9				
机物料消耗	10				
其他	11				
合　　计	12				

制表：

【第七单元参考答案】

一、商品产品成本报表的编制与分析

1. 根据上述资料,编制北方机械厂 2018 年 12 月份商品产品成本表,如 7-3 所示。

商品产品成本表

编制单位：北方机械厂　　　　　　　　2018 年 12 月　　　　　　　　金额单位：元

产品名称	实际产量(件) 本月	实际产量(件) 本年累计	单位成本 上年实际平均	单位成本 本年计划	单位成本 本月实际	单位成本 本年累计实际平均	本月总成本 按上年实际平均单位成本	本月总成本 按本年计划单位成本	本月总成本 本月实际	本年累计总成本 按上年实际平均单位成本计算	本年累计总成本 按本年计划单位成本计算	本年累计总成本 本年实际
	(1)	(2)	(3)	(4)	(5)=(9)÷(1)	(6)=(12)÷(2)	(7)=(1)×(3)	(8)=(1)×(4)	(9)	(10)=(2)×(3)	(11)=(2)×(4)	(12)
可比产品合计							98 100	94 200	93 420	862 200	827 700	838 665
1. 车床	90	765	600	580	555	573	54 000	52 200	49 950	459 000	443 700	438 345
2. 钻床	105	960	420	400	414	417	44 100	42 000	43 470	403 200	384 000	400 320
不可比产品合计							16 200	16 560		170 100		171 990
铣床	60	630		270	276	273	16 200	16 560		170 100		171 990
全部商品产品成本							110 400	109 980		997 800		1 010 655

制表：张北

补充资料：（本年累计实际成本）

（1）可比产品成本降低额为：23 535 元（本年计划降低额 32 200 元）；

（2）可比产品成本降低率为：2.73%（本年计划降低率 4%）；

（3）按现行价格计算的商品值 1 698 450 元；

（4）产值成本率 59.5 元/百元（本年计划为 56 元/百元）。

2. 分析该厂全部商品产品生产成本计划完成情况，填制表 7-4、表 7-5。

3. 分析该厂可比产品成本降低任务完成情况，填制表 7-6、表 7-7。

表 7-4

全部商品产品成本计划完成情况（按产品类别）

编制单位：北方机械厂　　　　　　　　　　2018 年度　　　　　　　　　　金额单位：元

产品名称	产量		单位成本			总成本			降低指标	
	计划	实际	上年	计划	实际	按上年计算	按计划计算	按实际计算	成本降低额	成本降低率
可比产品						862 200	827 700	838 665	−10 965	−1.32%
车床	720	765	600	580	573	459 000	443 700	438 345	5 355	1.21%
钻床	890	960	420	400	417	403 200	384 000	400 320	−16 320	−4.25%
不可比产品							170 100	171 990	−1 890	−1.11%
铣床	650	630		270	273		170 100	171 990	−1 890	−1.11%
全部商品产品							997 800	1 010 655	−12 855	−1.29%

制表：张北

表 7-5

全部商品成本计划完成情况表（按成本项目类别）

编制单位：北方机械厂　　　　　　　　　　2018 年度　　　　　　　　　　金额单位：元

成本项目	全部商品产品成本		降低指标	
	计划	实际	成本降低额	成本降低率
直接材料	598 680	655 885	−57 205	−9.56%
直接人工	249 450	219 560	29 890	11.98%
制造费用	149 670	135 210	14 460	9.66%
生产成本	997 800	1 010 655	−12 855	−1.29%

制表：张北

表 7-6

可比产品成本降低任务完成分析表(一)

编制单位:北方机械厂　　　　　　　　　　2018 年度　　　　　　　　　金额单位:元

可比产品名称	计划产量	单位成本		总成本		计划成本降低任务	
		上年	计划	上年	计划	成本降低额	成本降低率
车床	720	600	580	432 000	417 600	14 400	3.33%
钻床	890	420	400	373 800	356 000	17 800	4.76%
合计				805 800	773 600	32 200	3.996%

制表:张北

表 7-7

可比产品成本降低任务完成分析表(二)

编制单位:北方机械厂　　　　　　　　　　2018 年度　　　　　　　　　金额单位:元

可比产品名称	实际产量	单位成本			总成本			降低情况	
		上年	计划	实际	上年	计划	实际	降低额	降低率
车床	765	600	580	573	459 000	443 700	438 345	20 655	4.5%
钻床	960	420	400	417	403 200	384 000	400 320	2 880	0.714%
合计					862 200	827 700	838 665	23 535	2.73%

制表:张北

二、主要产品单位成本表的编制与分析

1. 根据以上相关资料,编制银河家电公司 XPB55-3S 型洗衣机的主要产品单位成本表,如表 7-10 所示。

表 7-10

主要产品单位成本表

编制单位:银河家电公司　　　　　　　　　2018 年 12 月　　　　　　　　金额单位:元

产品名称		洗衣机	本月实际产量		90
规　　格		XPB55-3S	本年累计实际产量		765
计量单位		台	销售单价		930 元
成本项目	行次	历史先进水平	上年实际平均	本年计划	本月实际	本年累计实际平均
		(1)	(2)	(3)	(4)	(5)
直接材料		279	315	300	285	294
直接工资		135	156	150	147	153
制造费用		114	129	130	123	126
产品生产成本		528	600	580	555	573

制表:张银

2. 根据以上相关资料,对银河家电公司的 XPB55-3S 型洗衣机进行单位成本计划完成情况和单位成本项目变动情况进行分析,编制有关的分析表,如表 7-11～表 7-14 所示,并作简要的评价。

表 7-11

XPB55-3S 型洗衣机单位成本分析表

编制单位:银河家电公司　　　　　　　　2018 年　　　　　　　　金额单位:元

项　目	计划成本	实际成本	实际较计划降低情况		各项目降低对单位成本的影响(%)
			降低额	降低率(%)	
直接材料	300	294	−6	−2	−1.03
直接人工	150	153	3	2	0.52
制造费用	130	126	−4	−3.08	−0.69
合　计	580	573	−7	−1.21	−1.21

制表:张银

表 7-12

XPB55-3S 型洗衣机单位材料成本对比表

编制单位:银河家电公司　　　　　　　　2018 年　　　　　　　　金额单位:元

计　划			实　际			差　异		
单耗(千克)	材料单价	材料成本	单耗	材料单价	材料成本	单耗	材料单价	材料成本
12.5	24	300	12.5	23.52	294	0	0.48	6

制表:张银

表 7-13

XPB55-3S 型洗衣机单位人工费用对比表

编制单位:银河家电公司　　　　　　　　2018 年　　　　　　　　金额单位:元

项　目	计　划	实　际	差　异
单位产品工时	50	50	0
小时薪酬率	3.00	3.06	0.06
单位产品工资成本	150	153	3

制表:张银

表 7-14

XPB55-3S 型洗衣机单位制造费用对比表

编制单位:银河家电公司　　　　　　　　2018 年　　　　　　　　金额单位:元

项　目	计　划	实　际	差　异
单位产品工时	50	50	0
小时制造费用	2.60	2.52	−0.08
单位制造费用	130	126	−4

制表:张银

三、制造费用明细表编制与分析

编制星辉实业有限公司 2018 年 12 月份制造费用明细表,如表 7-16 所示,并作简要分析

表 7-16

制造费用明细表

编制单位:星辉实业有限公司　　　　2018 年 12 月　　　　　　　　金额单位:元

费用项目	行次	本月计划	上年同期实际	本月实际	本年累计实际
职工薪酬	1	2 712	2 655	2 769	33 049
办公费	2	800	700	800	10 000
折旧费	3	3 300	3 000	3 350	40 210
维修费	4	1 160	1 040	1 180	13 620
运输费	5	1 500	1 380	1 300	17 000
租赁费	6	600	450	650	8 050
保险费	7	800	700	820	9 940
水电费	8	500	400	500	5 960
劳动保护费	9	400	300	430	5 310
机物料消耗	10	210	180	220	2 690
其他	11	153	127	170	1 570
合计	12	12 135	10 932	12 189	147 399

制表:张星

根据表 7-16 中的数据,对比本月实际数和计划数,分析计算差异,如表 7-17 所示。

表 7-17

制造费用明细表分析资料

2018 年 12 月　　　　　　　　　　　　　　　　　单位:元

费用项目	职工薪酬	办公费	折旧费	维修费	运输费	租赁费	保险费	水电费	劳动保护费	机物料消耗	其他	合计
本月计划数	2 712	800	3 300	1 160	1 500	600	800	500	400	210	153	12 135
本月实际数	2 769	800	3 350	1 180	1 300	650	820	500	430	220	170	12 189
差异	57	0	50	20	−200	50	20	0	30	10	17	54

制表:张星

从上表 7-17 可以发现,通过对比分析,本月实际数与本月计划数相比既有超支项目,也有节约项目。总的超支差异率为 0.4%,制造费用月度计划执行结果较好。由于各制造费用项目的性质和用途不同,评价各项目指标时,不能简单地将一切超支都看成不合理的和不利的,也不能简单将一切节约都看成是合理的和有利的,企业应进一步分析各项费用超支的原因。